大展好書 好書大展

實用心理學講座

18

洞悉心理陷阱

多湖輝／著
陸　明／譯

大展出版社有限公司

序　言

由於這幾年來，我一直兼任電視廣告的審查員，因此如果有人問我：「在現代社會中，對人的心理最去關心的是誰。」我就會立刻回答：「他的電視廣告的節目製作人。」因為最近的電視廣告，實在做得維妙維肖，牢牢地抓住大衆心理。

電視廣告的目的當然是要提高大衆的購買慾，來推銷商品，但最近的廣告節目却多半不讓大衆感覺到有絲毫的宣傳味道。因為一切的鏡頭都是經過專業人員的精心設計無隙可擊。實際上這裏面却有很多陷阱。經過周詳計劃的廣告畫面，百看不厭，使人在反覆觀看中逐漸產生親熱感。然而一旦產生了親熱感之後，人們的判斷力就會急速減低，最後會自動去購買該項商品，而一點都不自覺自己上了當。

不僅是電視廣告，就是在我們的日常生活中，這種「認識錯誤」的例子實在太多。如果一不小心就很容易掉進別人預設的圈套，甚至自己一點都不自覺。原因在於人的感情和行動，絕大部分是受了心理深層的玄妙機構所支配。因此我們必須先明瞭支配感情和行動的心理機構，才能逃避陷阱。尤其在人際關係中，彼此之間的心理變化最爲重要。

本書將對心理的缺陷，從感情、慾望、態度、行動、意志等各方面深入探討，舉例做詳細說明，以提醒各位在日常生活中能及時發覺，以資改善人際關係。

目錄

一、感情上的陷阱

——爲何要把醜八怪視爲仙女？——

二、欲求上的陷阱

——爲何要隱瞞欲望？——

三、態度上的陷阱

——爲何人很容易上當？——

四、行動上的陷阱

——爲何要被流行所玩弄？——

五、意志上的陷阱

——爲何提不起幹勁？——

第一章

感情上的陷阱

——為何要把醜八怪視為仙女？——

1 如果不了解對方開玩笑或說笑話的眞意，有時會遭致無妄之災。

〜〜〜〜〜〜〜〜〜〜〜〜〜〜〜〜〜〜〜〜〜〜〜〈開玩笑的陷阱〉

曾經數度擔任日本首相的故佐藤榮作氏，在其卸任時所召開的最後一次記者招待會上，突然翻臉，把記者羣全數轟出會場；這件偶發的不愉快，相信許多人印象深刻、記憶猶新。造成這種局面的原因由來已久，可能佐藤榮作平常就對記者們的惡意抨擊或歪曲本意的不實報導，具有强烈反感，因而懷恨在心。招待會剛開始進行時，佐藤首相談笑風生，還和記者們大開玩笑，誰都無法料到，後來竟會發展成那種尷尬萬分的場面。有一位記者回憶當時的情況說，佐藤首相盛怒的樣子眞是前所未見，恐怕比女人歇斯底理的狀況還嚴重。

不過從人類的心理結構來看，這並不是一件不可預料的突發事件。一個人對某件事產生反感或怒意時，表面上可能極力隱瞞壓抑，使之不露於外，因此，說不定佐藤首相平日就對記者深感不滿，甚至想狠狠地揍他們一頓呢！但他身爲一國首相，地位使然，他不能莽撞；再說，他的良知也不斷地提醒他，不得如此衝動！然而，人類的抑制感情畢竟是有其限度的，當抑遏不住，幾乎要爆炸時，只好以開玩笑的方式來隱瞞內心的衝動；這是以歪曲情感來顯示心中不滿的表現方式，但是，如果最後還是無法控制心理的縱馳狂奔，還是會將一肚子的悶氣渲洩而出的。

最近，日本的一位職業棒球選手江川卓，在重返球壇召開的記者招待會上，也表現了和佐藤榮作相同的態度。我曾目睹當時的電視轉播，一開口他便衝着記者們說：「今天我們應該好好談一下吧！」這句不友善的開場白使我感覺到，他對記者們懷有强烈的反感。

果然不出所料，沒過幾分鐘，他就忿然起身，悻悻離去。由以上兩個例子，我們應該明瞭「說笑有時是强烈敵意和反感的另一種表現方式」；懂得個中道理，我們就不會輕易相信對方說笑，而遭受池魚之殃了。

2 對成功的希望覺得不安而做最壞的打算，事前預做準備時，反倒會阻礙成功。

～～～～～～～～～～～～～～～＜事前準備的陷阱＞

日本寶塚歌劇團紅星鳳蘭小姐曾經在週刊雜誌披露，她從未料到自己能够考入該歌劇團，因爲當時報考人數衆多，而且歌聲、舞藝比她優美精湛的不乏其人。實際上，寶塚歌劇團招考新人之嚴格，競爭之激烈是衆所皆知的。可是歌迷們實在難以想像，具有歌唱天分的鳳蘭在應考當時也會那麽沮喪。或許她心中深具信念，但表面上却得如此擔心；我們應該體諒她的心理負擔。考試往往也需要碰運氣，實力雄堅的人有時也會名落孫山，如果信心十足前去應考，萬一落榜，打擊良深；因此，倒不如事前抱着「希望不大，姑且一試」的心理準備應考，萬一失敗，心靈上的打擊就輕微多了。

如以上所言，一個人如果對成功的可能性感到懷疑不安，就會想要緩衝失敗時的打擊，而先降低目標，做最壞的打算。這也是一種在不愉快狀況下保護自己的防衞措施。這種患得患失的心情在日常生活當中比比皆是。譬如，第一次約會時，在等候之餘往往心懷「他是否會來」的心理準備。

「格利佛遊記」有一句名言「不抱任何希望的人有福了，因爲他不會失望」。前面所說的降低目標就和這句話意義相同。例如，考生家長爲了減輕考生心理負擔，往往故作漠不關心狀，不逼迫他讀書。或許，這也是一種處理事情的方法，但是如此「降低目標」的結果，往往使人喪失鬪志而成爲懶惰蟲；因此，前述的名言可以說是一句諷喻之言；可見，過度的防衞徒然會帶來不利罷了。

如果下意識裏仍然想降低目標、減輕打擊，不如抱持「盡人事，聽天命」的態度，做爲健全的心理準備。

3 適度接受他人的遷怒行爲，可避免事態擴大。

〈遷怒的陷阱〉

家庭主婦對丈夫深感不滿的一點就是，他往往將工作場所中不愉快的人際關係帶回家。譬如，他挨了上司一頓官腔或受屬下閒氣時，回家後就怒形於色，連妻子拿盤動筷都要發一陣牢騷；有一位家庭主婦這麽說，他高高興興的出門，却扳着撲克臉回家，眞讓人覺得善變的不是女人，而是男人心啊！其實，這種微妙的心理狀況男女皆然。

無論男女，在人際關係上所發生的盛怒之情，往往無法直截了當向對方發洩；這種無處發洩的激憤，如果獲得可資渲洩的對象，就會發一頓脾氣了事。夫妻就是彼此發洩情緒的最佳對象。如果說，在外面所受的委曲不滿可在家庭解消，可能言過其實；但是，假使不能在家庭解消，勢必另外謀求渲洩，這確是事實。

如果發怒、憎恨之情無法向對方直接發洩而抑壓在潛意識中，那麽就必須去追求可資發洩或滿足的他人或他物；這種行爲在心理學上稱爲「置換」，較和緩的說辭是「遷怒」，憤恨父親，却向母親出氣；受氣的哥哥欺負弟弟；這些都是「遷怒」的典型例子。佛洛伊德說這種情形也會出現在夢境中。例如，某人憎惡某人，就會夢見殺豬，這表示他把被壓抑的憎惡之情置換成安全形態而解消掉了。

由此可見，對他人的遷怒行爲應該適度接受，因爲這是一種避免直接向對方發洩，以免導致危險的防衞行爲。此外，誠如佛洛伊德所說，暴力攻擊被抑止時，就置換成語言攻擊；例如，力不及人時，就拋下幾句連珠砲的詈罵，然後溜之大吉，也就解消了心中的不滿。

4 先貶後褒者較始終對你評價良好者帶給你的影響更深遠。

～～～～～～～～～～～～～～～～～～～～～～～～～～～～～～～～～～～～～～～＜再評價的陷阱＞

電視劇的內容大同小異，其模式之一就是：本來與主角敵對的人物，在劇終時會與之握手言和。文藝片中更不乏其例，原本極力反對女兒男友的父親，到最後却准許他們結為恩愛夫妻了。以上這種劇情似乎一般觀衆都不會覺得厭膩，大概這種劇情攫獲了人心穴脈的緣故吧！

在此介紹一個有趣的心理實驗：分四組人對某一人給予不同的評價，藉此觀察某人對那一組最具好感。第一組始終對之褒揚有加；第二組始終對之貶損否定；第三組先褒後貶；第四組先貶後褒。此實驗對數人進行過後，發現絕大部分都對第四組深具好感。

換句話說，人之所以對第四組具有好感，是因為他們原本對之處處作不利評價，而後才又慢慢轉貶為褒，所以這種有力的再評價令人感到眞切、實在；不像那種始終誇讚人心的第一組，好像懷有鬼胎似的，令人渾身不自在。

以上所說的心理法則反映在劇情中，也就是原本被否定的主角，到後來却又被肯定；這種角色當然對觀衆較具吸引力；前述劇本之所以大受歡迎，理由在此。反之，那些原本對你很好的人，到後來却一副「看錯了人」的態度，帶給你的打擊的確很深；由前述實驗結果也可看出，最令人厭惡的是第三組的先褒後貶，而非第二組的始終對之貶損否定。

總而言之，無論何種評價，中途改變者，總是比始終一貫者所帶來的喜悅或打擊更深更大。

5 哭笑的感情表現會加強原本不太強烈的感情。

〈感情表現的陷阱〉

「哭笑的感情表現會加强原本不太强烈的感情」，這個論據可由孩童的行爲中獲得證明。例如，在路上摔了一跤的孩子哭泣起來，其實跌得並不重，可是他似乎是被自己的哭聲驚嚇住了，竟然愈哭愈厲害；往往疼痛感及驚嚇感都消失了，還抽噎個不停。成人也經常發生類似的情事。例如，當你向朋友訴說傷心事時，原本只是嗚咽啜泣，最後却禁不住號淘大哭。至於笑也是一樣；一件本來不算挺好笑的事，會因笑出來而終致笑不可遏，這是我們時常可以經驗到的事。

美國心理學家及哲學家威廉・詹姆斯與丹麥病理學家蘭格曾經研究人類此種心理，而命名爲「詹姆斯・蘭格理論」。說明「情緒和身體變化的關係，並非一如過去我們所想像——先引發情緒再由身體表現；而是在事實之知覺後，引起身體變化，再以情緒表現出來」。根據這個理論，人不是因爲傷心、害怕才哭泣、逃避；而是因哭泣、逃避才傷心、害怕。

此一學說後來也引起諸多批判，但是它還是具有某種程度的可信性，至少從我們的日常經驗看來，「因哭泣而更傷心」「因大笑而覺得更可笑」「因害怕而逃避時更覺得害怕」，這些都是不爭的事實。換句話說，傷心、高興、害怕等感情會因哭泣、大笑、逃避的感情表現（或行爲）而更形加强。

反之，有意圖的引起某種感情表現（或行爲）時，會使感情本身產生變化。例如，下意識的採取爽朗的態度，情緒自然顯得快活；配合雄壯的進行曲昂首闊步，會萌生激昂的鬪志。由以上看來，人的確可以由行動來影響心理，這是一個成效頗著的心理法則，不唯可以從客觀的立場來觀察自己的喜、怒、哀、樂，還可以使之實用化，幫助自己培養健康的心理。

6

當從事你所喜歡的行爲時，受到與此行爲無關的不愉快刺激，以後你也會對該行爲感到厭惡。

〜〜〜〜〜〜〜〜〜〜〜〜〜〜〜〜〜〜〜〜〜〜〜〜〈厭惡的陷阱〉

好幾年前，曾經上映一部前衞性的美國電影，其中有一段有關不良少年被人用特殊方法矯正非法行爲的畫面。他們被綁在椅子上，臉部被固定，只能正視前方的螢幕；頭部周圍有電氣裝置，必要時可隨時予之不愉快的刺激。他們面向螢幕，被逼去看慘無人道的納粹暴行；當種種迫害猶太人的暴力鏡頭出現時，這些不良少年就被施以痛苦的刺激。經過數度這種方式的治療之後，他們被釋放了。以後他們在現實生活中如果又想加入暴力行爲時，他們自然而然地就會頭痛、情緒惡劣，因而厭惡暴力行爲，不再重蹈覆轍。

電影中所描述的這種治療法，現實中是否存在不得而知。但是，美國確實有一種治療痲藥患者、酒精中毒患者的「厭惡療法」。倫敦摩斯雷醫院也曾經爲幫助病人戒煙而施行此法，以證明是否有效。最初，讓癮君子們自由呑雲吐霧，至某一段時間，則給予他們强烈的電氣振動；如此重覆十多次以後，十四人之中有九人完全戒除；另外根據追踪調查，又有六人完全戒煙。

經過這個實驗可以斷定，在某種行爲當中，如果給予與此行爲毫不相干的痛苦刺激，就會使之厭惡該行爲。有過這種經驗的人，如果想再度從事這種行爲，一定會想起痛苦的刺激並喚起潛意識裏的不愉快情緒。例如：性不感症和極端的性厭惡症者，有的就是因爲新婚之夜時，受無心朋友不斷的來電話干擾而深感不愉快，終於使新娘心靈受創而導致這種不幸。

所以，看起來好像僅屬性格上好惡的「厭惡」之情，很可能是由以上諸類的意外所造成的。

7 你對某人具有好感，就容易誤認某人也對你有好感。

～～～～～～～～～～～～～～～～～～～～～～＜好感的陷阱＞

爲面臨精神煩惱者提供適切援助的社會工作人員，最重要的一點是必須先讓對方對你坦誠相見。諮詢、說話的方法如果欠妥，往往使對方的心靈更加閉塞，所以必須具備高度的心理技巧。關於這一點，老練的社會工作人員頗爲了解這種心理，先讓對方感覺對你有好感，如此才有可能慢慢打開對方的心。人心是不可思議的，往往覺得某人對你有好感時，你自然也會對他產生好感，進而對他坦誠相待，一些不便告訴別人的話，你都會告訴他，社會工作人員如果能做到這一地步，自然而然就能輕而易舉地找出對方煩惱的根源，而予之適切的援助了。這種方法被認爲是應用自「投射作用」。

「投射」就是自己對對方有一種無意識的感受及想法時，就認爲對方對自己的想法可能也相同；其形態各色各樣。例如，後母憎惡小孩，就認爲小孩也憎惡她；對自己工作深具信心的職員，認爲上司會給予他很高的評價。人際關係上亦復如此，你對某人具有好感，某人就會對你有好感；或者是你認爲某人對你有好感，你自然也會對他如此。可見這種心理法則的確會產生作用。

心理學家塔朱利把這種感情、認識一致的情形稱爲「調和性」，這種心理結構往往對不利的感情產生强烈作用，如前所言，例子甚多；假如你對對方懷有惡意，一定也認爲對方也怨恨着你；塔朱利曾經以十人爲一單位，讓他們彼此自由談論以決定某人對其懷有好意或惡意，然後據之調查感情、認識二者的調和性。我們在日常生活中，也經常有體認這個心理法則的機會。

例如，深受女性喜愛的男人，往往對女性極其親切、殷勤，竭盡其力表現他對女性的好感；而收受感情的女性也會逐漸對他產生好感；自然而然，這種男人就成爲所有女性的偶像。

哭和笑的實際表現，會增強悲傷、喜悅的情緒。

假如人際關係圓融，即使工作辛苦，心情也很愉快。

8

人容易對社會背景與態度和自己相同的人產生好感。

〈共鳴的陷阱〉

言情小說經常出現生長環境截然不同的男女互相強烈吸引的形式，可能這種「安排」較易收到戲劇性的效果吧！遺憾的是，現實中門戶之見頗深，門戶不相當，也就無姻緣可言；像珍寶般的善待和自己環境迥異的人，那當然更爲罕見了。

這種背景不相當就無來往緣份的情形，不惟出現在男女交往之際，卽使同性之間也是如此。譬如，生長在鄉間的人往往覺得都市人冷酷無情，究其原因；是他們生長環境不同，彼此產生誤解之故。

當然，人與人之間是否彼此了解，並非全由生長環境而定；但是生長環境相同者，多半生活態度、社會背景也相差無幾，因此較易產生共鳴。換句話說，他們不會在人際關係上產生困擾，極易了解對方的想法，推測對方的行動；自然也就可以愉快地相處了；再說，這種朋友也能了解你的意見，使人容易產生「自己正確的意見受到尊重」的虛榮心。

何況，人總是對對方存有顧忌之心，對方畢竟不是自己，所以難免有「自己是否受討厭」「自己的意見是否被接受」的不安感。美國某心理學家也認為「心理上處於不安狀態者，想參與和自己情況相同者行列的傾向甚為强烈」。

所以，人很容易被社會背景、生活態度與之相同的人所吸引，他認為對方一定會喜歡他；當然，這種想法也是促使對方喜歡他的原因。推銷員、交際圈的風雲人物最深諳此道，懂得利用這種想法打開他人的心扉；例如，他們試圖從對方的嗜好、學歷、家庭狀況中尋求與自己相同的話題，如此一來，自然而然使對方解除了心理防線，輕而易擧的獲取對方的信賴。

9　人往往因爲滿足於眼前的小欲求而遺忘本來的欲求。

〜〜〜〜〜〜〜〜〜〜〜〜〜〜〜〜〜〜〜〜〜〜〜〈滿足的陷阱〉

日本有一個民間故事正可以用之說明這種標題。很久以前，某藩庶政不良，農民飽受飢饉之苦。一天，有一個農民在忍無可忍的狀態下，到官衙求見藩主，要他改善藩政。這時，一個聰明的官吏說道：「我待會再慢慢說給你聽；你肚子大概餓了吧？先吃點東西我們再談。」於是，官吏命人準備美酒佳肴，讓農民飽啖一頓。之後，官吏不知對他說了些什麽話，農民就心滿意足的告辭了。這名官吏究竟如何說服農民，不得而知；但是就其準備盛饌，滿足農民口腹之慾這一點來看，確實也在說服方面產生極大的效果。換句話說，飽食一餐並不能解消農民對藩政的不滿，但是至少却讓他感到一時的滿足，而使他願意接納官吏所說的話。

前些日子，一位計程車司機在車上與我閒聊，他說：「有些乘客下車時，往往把重要的物品或大件行李遺忘在車上。」這是因爲乘客當時僅注意時間或急着找目的地之故；當他們終於在約定的時間內抵達目的地，心理的緊張感驟然消除，因而遺忘了行李。

由以上的例子可以知道，人往往會因滿足眼前的欲求，而忘記更大的欲求，或本來的目的。

在我們的日常生活當中，有種種欲求，這些欲求多半無法順利獲得滿足，因此，既然無法期待一個「完全」的滿足，不如一有小小滿足的機會就竭力抓取；這也是人卽使只獲得微乎其微的滿足，心情就會豁然開朗的原因。

如果能夠有效運用這種心理現象，操縱輿論就成為易如反掌之事了。但是，這種心態往往很危險，容易使人貪圖目前而遺忘本來的宏大目的，因此我們必須特別注意，切勿掉落潛伏在這滿足的心理結構內的陷阱。

10

人如果遭遇到不明理由或意義的事，會感到不安，甚而採取缺乏理性的行動。

〜〜〜〜〜〜〜〜〜〜〜〜〜〜〜〜〈抽象性的陷阱〉

前天我曾去看一部美國電影，其中一段情節如下：一位高中女教師，有一天遭到未婚夫拒絕和她見面。過去，他們之間偶爾也會因爲工作關係或其他原因而取消約會或改期。然而，這次約會的取消來得莫名其妙，他始終不告訴女教師原因所在。不久之後，他和別的女孩結婚了。

最初，女教師只是因不知情而深感不安，漸漸地，她變得舉止放蕩，隨便和男人打招呼，最後終於過着墮落的生涯。

到底什麽原因造成她的不幸？我們知道，當某人對某事的意義、理由不得其詳時，往往會產生不安，甚而採取異乎正常心態的行動；本片女主角毫無緣由的被冷淡、遺棄，其不安感之大，是可以預料的。

——假使知道理由（卽使是謊言），不安感就不會如此嚴重；「被冷落」的事實本身，的確是造成不安的原因。

通常，不安的心緒是人類對自己的一種保護作用，就像是動物的自衛行爲一般自然；換句話說，那是一種原始的保護性反應，例如：人看到屍體時會莫名其妙的逃離現場，也是一種自衞性的本能反應。

話說回頭，女教師心中所存的「將會失去他」的預感，阻礙了她合理行動的進行。

當然，並不是所有的問題都如此嚴重，但是，一般人對不明意義、理由之事感到不安，却是無可避免的心理反應。例如，日常寒暄時，假使對方老是說一些抽象性的話，卽使意見正確，我們也難表贊同；就像是閱讀深奥的哲學書一般，令人不以爲然。

當自己的一部分或與自己有關之事物被批評時，就以爲自己的全部都受到了評價。

11 〈部分評價的陷阱〉

在中學時代，我是一個不可救藥的頑童，不愛讀書、經常捱駡。受到這種打擊的我，逐漸產生自卑感，乃把滿腹委屈以惡作劇的方式發洩出來。老師和我的父母對我感到心灰意冷，認爲我毫無前程可言。

有一天，老師又發現我的惡作劇了。他把我叫了過去，怒叱道：「你又犯老毛病了！」隨後，想不到他的訓飭之言激發了我的自尊心；他說：「惡作劇很不好，但是你惡作劇的方法別出心裁，與衆不同；你不是模仿別人，而是獨創。如果你能把這種聰慧的腦筋用在功課上，那該多好！」從那一天起，我逐漸的改變了；一個只愛惡作劇的劣等生，由於老師一席「誇讚」而自覺，學業也因此日有所進了。

心理學上有所謂「部分刺激」「全體刺激」的理論。例如，評價某一商品，就其「堅固耐用、美觀大方、價格低廉」的品評當中只選一個主題；例如只强調「堅固耐用」，往往聽者就以爲那就代表了三者。換句話說，聽者把「部分刺激」擴展成「全體刺激」了。我的中學老師是否深諳人類心理傾向才如此指導我呢？不得而知。但是我的確把這種「惡作劇的方法受到誇讚」的部分刺激當成了全體刺激，因此才得以改過自新。此外，當一個女人的「一部分」（例如眼睛）被人讚賞時，她也會覺得自己是十足的美人；這也是部分刺激擴展爲全體刺激的例子之一。

此外還有一種「代理刺激」。以剛才所提的商品而言，強調該商品所附的贈品或服務時，也可以提高人們對該商品的評價。例如，我們的父母、子女、所屬公司受到他人讚賞時，我們也會感到驕傲、光榮，這也是「代理刺激」的一個例子。

所以，人當自己的一部分或與自己有關之事物受評價時，就會以爲自己的「全部」都受到了評價。

當然，所謂評價並不只限於誇獎，也包括毀謗、貶損在內。

12 人際關係過於一帆風順，往往會忽略工作內容及有欠妥善的結果。

～～～～～～～～～～～～～～～～～～～＜樂觀的陷阱＞

以人際關係良好做爲求職條件的年輕人很多；當公司打算將某人革職時，往往也是由於對方人際關係的惡化。

對職員本身來說，在公司的人際關係越一帆風順越好；但就公司組織的觀點來看則不然，人際關係良好並不一定對公司業務有所助益——如果是普通的親善團體當然另當別論。無論何種組織都有目的、有目標；如果人際關係過於良好，整個團體便會傾向於過度樂觀，反倒妨礙目標的達成。

對團體而言，團體思考是一個危險的陷阱；如果團體內的每一個人都具有相同的思維；假如產生極不合理的意見，也不會有人指正。美國心理學家詹尼斯也曾說過，團體思考的症狀之一就是「不敗的幻想」；意思是：凝集性高的團體往往態度過分樂觀，覺得無論遇到何種困難都可一一克服。

詹尼斯認爲猪邏灣之役失敗的原因就是美軍心存「不敗的幻想」。一九六一年，古巴流亡部隊接受美國海、空軍、CIA的支援欲侵占古巴，但被卡斯楚擊敗，打擊當時的甘迺廸政權甚大。詹尼斯說，推行此計劃時，甘迺廸和其智囊團都具有高昂的鬪志和團結意志，其凝集力相當高，因而產生過度樂觀的「不敗的幻想」，而省卻了檢討進攻計劃有無弱點的步驟，終於導致一敗塗地。

我有一個經營中小企業的朋友，他和一位友人共組公司。他說他有時會故意和其友人鬧意見。

當然，彼此融洽相處是人心所盼，他之所以這麽做，乃是爲了避免因爲人際關係過於圓順，反倒陷入過度樂觀的陷阱。

13 無視於自己的缺點也就不會發現自己的優點。

〜〜〜〜〜〜〜〜〜〜〜〜〜〜〜〜〜〜〜〜〜〜〜〜〜〜〈認識缺點的陷阱〉

希臘一位著名的詭辯家曾經說過：「人類是萬物的尺度」。他說：無論判斷何事，對下判斷的當事人來說，一定是正確的，而否定了世上有絕對性的眞理存在。他强調主觀的看法可以說透視了人類心理的一面，我們的確有時也是以這種心態來思想和行動。

有許多人以爲自己缺點很多，因而深受强烈自卑感的困擾。其實，這些缺點並沒有決定性的準則可資比較，只不過是和周遭的人相較而產生的「自慚形穢」的心理罷了。卽使能力相等，往往也會因爲比較的對象不同，而產生優越感或自卑感。我們知道，人是無法十全十美的，總是多多少少有一些缺點，應該認爲自己有缺點是一件稀鬆平常的事。

然而，問題在於有些人容易把芝蔴大的小缺點看得很嚴重，而使這種不利的影像擴大，終致失去自信心。例如，有的人會因爲自己塌鼻樑而失去活下去的信念，這種例子比比皆是。

其實，人不能將優點或缺點一概視爲不利，如果你能自訂一個準則，你將可重新發現對你有利的評價。換句話說，你必須徹底承認某些顯而易見的缺點，才能够發現自己過去從未發現的優點。

也就是說，如果自動去比照人類心理的陷阱，就可以擴大對比的效果，將使「萬物」增加其有用的價値。

這種比較其實多半是在無意識中進行。例如，經常可聽到別人說：「某某人很不幸！」這種話，其含意就是認爲自己很幸福；以此求得自我安慰。這就好像人喜歡看悲劇，並不是爲了想親身體驗傷心事，而只是想對自己的境遇做一番較爲有利的評價罷了。

14

當某人指出你不會自覺的性格之另一面時，你會對他信賴不渝。

〜〜〜〜〜〜〜〜〜〜〜〜〜〜〜〜〜〜〜〜〈信賴的陷阱〉

說起來，人應該最了解自己的性格才是。然而實際上却未必然。例如，人人都有缺點，了解自己的缺點却需要假以時日；幼小時，經由父母、師長、朋友指正缺點，但是隨着年歲增長，願意爲你指正缺點的人却愈來愈少了。

所以，每個人成長之後必須依賴自覺發現優、缺點而加以抑制或發揮，才能控制自己的行動。如果此時有人鄭重其事的告訴你，你自己至今都未曾發現的缺點，心中將有何感想呢？

或許深覺不以爲然，也許會對他由衷產生信賴心吧！

如果對方所言錯誤，自然另當別論；否則通常一定會因爲對方如此關心你，而對他產生尊敬之心；假如你肯反躬自省，對那些肯進忠言的人，必然會信賴、尊敬有加，這是毋庸諱言的。

能够巧妙運用這種心理的可能就是世人所稱的「花花公子」吧？這些男人在他

們想接近女性時，往往會對她容貌、性格上的優點讚不絕口，即使她們並未發現自己究竟是否眞的具有該項優點。

但是這種花言巧語終於擄獲了對方的芳心，他們的手段果眞高明，實在不愧爲「花花公子」！

我和摯友之間彼此十分坦誠，不說客套話，完全率性行事，逆耳的忠言反倒能加深彼此之間的信賴感，因此，卽使言談過份，也不會放在心上。

可是當面抨擊別人是有條件的，有的人心胸豁達，聽了批評之言決不會破壞對對方的信賴；但是有的人一旦被指出缺點却會惱羞成怒，人類這種不同的心理結構萬萬不可忽略。

〈本章總結〉——如何避免掉入感情的陷阱？——

1 如果別人對你缺乏好感，你必須先向人表示好感。
2 老是認爲「自己遭人憎厭」，表示你對對方也懷有敵意。
3 學歷、家庭狀況彼此相差無幾者，感情極爲融洽。
4 如果想使別人撤除心中防線，就要以共同趣味爲中心話題。
5 子女向你要求昂貴的禮物，你可以先買足以取代的東西滿足他的小欲求。
6 長時間的情緒緊張一旦鬆弛，往往會遺忘物品或做事失敗。
7 必須詳細說明發生該事的理由，以免別人感覺不安。
8 以抽象深奧的言辭講話，會使對方覺得不安。
9 假如某人對某特定者頻頻開玩笑，多半表示他對其人懷有反感。
10 如果對那些對你懷有敵意者所說的玩笑話感到認眞，你將遭致意想不到的失敗。
11 嘴裏說「我可能做不好」的人，多半深具信心。
12 我們可以稍微提高，自行降低目標的人，所說的水準。

13 接納別人的遷怒行爲，直到他心平氣和。
14 力不及人，則以言語攻擊，這也是解消欲求不滿的一種手段。
15 取悅對方，必須先貶後褒。
16 「我看錯了你」，這句話會帶給對方沉重的打擊。
17 無精打采時，抬頭挺胸走路可以振奮精神。
18 設法使自己神情爽朗，情緒自然愉快。
19 一面看有關癌症的書籍一面吸煙，可以節省不少香煙。
20 對某事感到厭惡，往往是因爲過去做這件事時曾經發生過不愉快的事。
21 承認對方某部分的優點，可以減輕其自卑感。
22 雖然某人看起來一無是處，你如果針對與之有關的事物加以讚揚，也可以產生鼓勵作用。
23 在團體中，士氣與團結力比個人的能力重要。
24 人際關係過於良好，往往會降低工作效率。
25 强調某商品的贈品及服務時，也會使人對該商品產生很高的評價。
26 喜歡看悲劇的人是想將自己的處境做較爲有利的評價。
27 如果你抱持「人人都有缺點」的想法，就不會太在意自己的小缺點了。

28 承認自己的缺點，相對的，也會發現自己的優點而產生信心。

29 努力去發現別人的優點，是獲得別人信賴的第一步。

30 當面指出別人的缺點，有時也可以獲得別人的信賴。

31 當對方改善了性格的某一點時，針對此點加以讚揚，可以博取對方的歡心。

第二章

欲求上的陷阱

——為何要隱瞞欲望?——

15 因時間、服裝不同而改變自己的人，內心一定具有兩種互相對立的欲求。

～～～～～～～～～～～～～～～～～～〈改變自己的陷阱〉

日本報章雜誌經常報導高中女生賣春、高中男生胡作非爲的消息，他們每天在紙袋內準備一套換穿的衣服，換穿之後把學生制服寄存在火車站的出租存物箱內，然後到街市去。對於這種行爲，我覺得他們換穿衣服的心理狀況比他們的非法行爲更耐人尋味。人是矛盾的動物，旣知道要愛鄰里親人，彼此體諒、互相幫助，才能獲得幸福；但一方面却認爲把別人踏倒在地上，自己也要爬起來，才能在這個弱肉强食的社會上生存下去；因此，在一個人的心理上同時存有「必須對自己的職責忠實以安定家庭」和「擺脫一切羈絆，過自由自在的生活」兩種互相矛盾的欲求，例子很多，不足爲奇。

但是，人如果要同時滿足這兩種相互矛盾的欲求，就會失去行動的一貫性，這種反常的分裂性格絕對不容於社會。所以人類必須抑制其中之一（通常抑制違反社會道德標準的欲求）以保持行動的一貫性。假使兩個欲求都極其强烈，無法抑制時，此人就會改變另一種人格，設法滿足矛盾的欲求。

十九世紀英國小說家史蒂文生所寫的「萊格與海德」正是揭開人類雙重性格的名作。小說大意如下：萊格博士是一個品格高尚的人，但是他在喝下某種藥之後，一到晚上就變成另一個人——凶殘荒佚的海德。他既有「做一個受社會尊敬的高尚者」的欲求；又有「過放浪形骸、無拘無束生活」的欲求；無法同時獲得滿足，只好出此下策。

現實生活中可沒有這種神奇的化身藥，所以一般人都從改變服裝、場地、時間方面來滿足自己的欲望。

另外還有一種人，在日常生活中的某一段時間就想改變自己；這種人心中一定具有兩者互相對立的强烈欲求，他們在現實生活中有許多不滿，於是就想在其他場所獲得滿足，這也是「變身」的變型之一。

心理學家通常對人的服裝、携帶物品、嗜好、行動頗爲敏感，因爲它們是探索人心的鎖鑰，可以透視對方深沉的心理結構。

16 人想要強調「我」時，反倒喜歡用「我們」這種說話語氣。

〜〜〜〜〜〜〜〜〜〜〜〜〜〜〜〜〜〜〜〜〈人稱的陷阱〉

學校中經常可以聽到「我們要……」這種抑揚有致的學生演說。某位教授曾經在一本書上寫過如下的一段話：「『我們要……』是一句語焉不詳的話，既不包括我們這些教授，也不一定代表全部學生，其實只是指一小部分學生而已。」

的確，這種說法令人有「如墜五里霧」之感，發言的責任問題也不清楚。「我要……」顯而易見，對這句話應負責任的是「我」；至於「我們要……」則可以任指我們之間其中的一個，沒有責任問題可言。

根據美國某心理學家的研究：說話喜歡使用「我」（第一人稱單數），表示其人獨立性、主體性極爲强烈；至於老是說「我們」（第一人稱複數）的人，通常缺乏個性，是屬於團體中默默無聞的類型，往往也是應聲蟲。一般而言，害怕因表露自己而受傷害的人，最愛說「我們」；所以，「我們要……」何嘗不可視爲就是「我要……」的强調語氣呢？

爲了使個人在人際關係上圓滿無礙，自我表現應當適可而止，這是做人的原則。老是「我要……」「我要……」如此自我主張，是小孩子的行爲表現方式；成人之後還不改變，就會被視爲幼稚或表現狂；人類大概就是因爲如此而學會以「我們要……」來保護自己吧？

報章雜誌上經常有如下的廣告：「我們××公司要朝向……」「我們是爲了……而製造產品」，從這些廣告文辭看來，廠商似乎站在消費者及社會的立場說話，其實不然；他們只不過是想造成一種錯覺，讓消費者以爲企業與消費者之間很接近，換句話說，他們將「我們」這種說法做了有效的運用；所以當聽到別人說「我們」時，到底誰是「我們」呢？聽者可要多加留意啊！

17

想做某事受到禁止時，反倒會加強其欲求。

～～～～～～～～～～～～～～～～～～～～～～～＜禁止的陷阱＞

大人越注意小孩子調皮搗蛋的行爲，越去禁止他，越會收到反效果。這種幼稚性的「變本加厲」的行爲，在成人之間也屢見不鮮。以下我舉例說明之。

某次，我參加警察局少年犯罪防止會議，討論如何改善或防止少年犯罪行爲。依據現行法令規定；年滿二十歲才可抽煙喝酒；年滿十八歲才能看成人電影或玩賭博性的彈子遊戲。我們就是針對年齡限制此一問題加以討論。

會議中，某評論家主張：「警民之間應該加强合作、改善關係。」某觀護人則說：「二十歲與十八歲的年齡限制在現代社會中不切實際，應該酌減兩歲較爲適宜。」

我却認爲：「最好廢除年齡限制，任其自由行事。」這一番話使擧座爲之譁然，有些人還顯露出憂心、失望的神情，但我仍堅持我的看法：

「人免不了有反抗心理，像皮球一樣，拍得愈重，跳得愈高；然程度因人而異，但幾乎全無例外。人的欲求一旦受挫，反而會使之更爲强烈。所以禁止他們在二十歲以前不能抽煙喝酒；十八歲以前不能玩彈子，看成人電影，反倒會促使他們『去試試看』的欲求高昂起來；因此如果取消限制，就不會發生這種情形了。」

當我說完這席話時，舉座諸人同想起他們年輕時的經驗，都認爲我言之有理，可惜此案實在過於大膽、前進，所以未被採用。

其實，人類原本由衷想做的事，一旦被容許時反倒就會喪失意欲，是人心複雜的自然表現啊！

18 假如欲求不滿累積過多，就會產生偏執而走向極端，做出毫無意義的行動。

～～～～～～～～～～～～～～～～～～～～～～～＜拘束的陷阱＞

人人都有欲求，但不一定所有欲求都能獲得滿足。如果欲求不滿的程度輕微，就不會影響心理健康；假使長期累積不得渲洩，其人行動舉止上就會出現種種變化。例如退却和攻擊（它章將說明）以及固執的行動等。當公司定期人事異動時，多半總會有一、兩個人自以爲會當上課長；一旦事與願違，他們就會在日後的會議當中固執己見——這就是欲求不滿導致固執的例子之一。

又如，小孩子盼望某種玩具時，愈得不到就愈想要，假使你買一個比他所要的更昂貴的玩具，他也不見得願意接受。

再以打牌來說吧！打牌的人都善於察言觀色，往往可以由牌友神情之間窺出勝敗端倪。大夥兒一定會針對手氣不佳的人猛攻，而這個運氣不好的人，欲求不滿累積愈多，得分自然愈少，愈輸愈氣憤的他，由於欲求不滿便會變得頑固不通；一心一意想拿好牌而忽略了其他小贏的機會。如此自然愈形失利，造成屢戰屢敗的結果。由此可見欲求不滿也是導致賭棍偏執不悟的原因之一。

19

愈想高人一等，愈不能在人前發言或採取明顯的行動。

～～～～～～～～～～～～～～～～～～＜支配欲的陷阱＞

日本人認爲「不露鋒芒」「謙卑」是固有美德，然而國際觀光客對他們那種看來好像毫無一點主見的性格頗不以爲然，覺得太陰險了。

爲什麼日本人被誤爲「陰險」呢？因爲他們態度不够明確，使旁人易感不安；這種「對不明確表示態度的人感到不安」卽是心理學上所說的「反動形成」。人類爲了隱藏自己針對對方的攻擊欲望，多半採取相反態度；這種態度就是極力避免自我表現。

像這類支配、征服欲望極度强烈的人，往往會壓抑原來的欲求，避免在衆人面前發言或採取行動。譬如，他們在會議席上往往默不吭聲，而且喜歡坐在沒人注意的角落，嚴重者甚至會到連話都說不出來的地步；這種事不管其本人有無意識都會發生。

由於各國生活習慣不同，所以像日本人這種態度也無法以心理學的解釋加以說明。但是，這種「不表露自己」的態度，確實是妨礙人際關係的主因。

而且，這種極力隱藏自我表現，採取謙卑態度的人，多半內心潛藏着「我如果把欲求表露出來，可能無法適應環境」的不安。

從歷史人物來看，叱吒一時的風雲人物拿破崙，在童年時代也只不過是個無名小卒，但無可否認，他在童年時極有可能已懷抱着野心，只不過未曾表現出來能了。

20

一旦欲求、願望無法滿足時，人往往會逃向幻想的世界。

〜〜〜〜〜〜〜〜〜〜〜〜〜〜〜〜〜〜〜〜〈幻想的陷阱〉

人人都曾有過一時性的幻想。譬如，自己在閱讀小說或觀賞電影時，心折於內容的精彩而幻想自己成了其間的主角；甚至站在鏡子面前擺姿勢，幻想自己是一個肌肉結實的人；有的則梳着某女明星的髮型，幻想自己就像她一般美麗。這就是因為渴求健壯、美麗不可得而產生的幻想。

逃避現實的人喜愛幻想，他們藉着超現實的幻想來解除心中對現實生活的憂慮，因而在無意識中變得不再關心現實而無法過正常的生活。三島由紀夫的小說「假面的告白」的主角就是最佳的例子。

「假面的告白」一書描寫一位性變態者自童年至青年時期的生活。他內心始終幻想着夭折，相信自己軟弱的肉體會像年輕的殉教者那般，獲得榮光。然而經歷過一場戰爭的浩刼之後，他卻毫髮無損、安然無恙，於是他以往所沉醉的幻想破滅了，終於陷入不幸和孤獨之中。

像這種對現實的不幸感到不滿而以幻想來解除欲求不滿的傾向强烈時，心理學家稱之爲「夢想家」。世界上有許多這種人，譬如，懷着很大的希望進入大學而感失望的人；對新婚生活充滿遐思最後却陷入幻滅的人，他們往往會因幻想碎滅而陷入自閉狀態。

另外也有一種人，爲了逃避現實而混淆現實與幻想，試圖以這種方式提高自己存在的價值，這類人往往會在無意識間說謊；這也是所謂「歇斯底里」的特徵；但他們絕大部分應答得體，富有臨機應變的機智，並有一技之長。他們雖然說謊，却不是爲了陷害對方；換句話說，他們不是說狡獪的謊言，而只是因爲意志不安定、欲求過大而撒謊，對別人影響不大。

如果在你周遭一些能幹的人當中，某人有喜歡吹牛的毛病，你大可認定這種人具有歇斯底里的性格。

21 當人們欲求不滿時，會懷念過去的美好時光。

～～～～～～～～～～～～～～～～～～～～～～～～～～〈回憶的陷阱〉

某一個名影星在他的自傳中寫道：「如果我不能回憶以往的時光，便無法活下去。」這位明星常年的影劇圈生涯以及結結離離的婚姻，構成了她波濤般的過去；因此，往昔的種種人生經驗就成爲她未來生活的原動力。

人，無法脫離過去、現在和未來。回憶過去使自己重振精神也很重要；但是某一些曾經有輝煌絢爛過去的人，却往往以回憶和懷念做爲治療劑，藉以塡補現在生活的空虛，於是回憶乃成爲一種不滿現實的「自我安慰」的手段。

家庭主婦最常見這種情形。單調的家務、忙碌的育兒工作、婆媳之間的不愉快，這些情緒如果增高時，她們自然而然就會憶起往昔：「以前的日子多好啊！丈夫好體貼，天天都是薔薇色般美好的日子。——可是，現在我是多麽不幸啊！」她們如此沉醉在過去新婚生活的回憶中，愈是回憶，愈增添了對現在的不滿，而且這種欲求不滿累積愈多，便構成了惡性循環。報章雜誌上「信箱」之類的專欄常有「我覺得每個日子都很空虛，我好想設法改善。」「我對我的丈夫感到很憎厭，眞想離婚。」等困惱之言。這類女性通常就是緬懷過去的美好時光，而更使煩惱加深了。

當然，此心理傾向並不僅爲女性專有。譬如，某人由於不喜歡唯唯諾諾、仰人鼻息，所以離職他去，自謀生機；可是一當事情不順遂，他就會說道：「領薪水的那段時光，眞是太好了。」

我曾遇見某人，他說：「我具有高貴的血統，小時候我家有十來個傭僕呢！」或許他說的是實話，但是，他現在只不過是一個領薪水的普通人而已。像這類人都是以「回憶過去」來維持現在的生活，都屬於欲求不滿的類型。因此，如果你的妻子或丈夫對你說：「過去那段時光實在太美好了！」你可要提高警覺，這很可能是對方欲求不滿的表現，也是婚姻生活亮起紅燈的時候。

想做某事，愈遭禁止愈想去做。

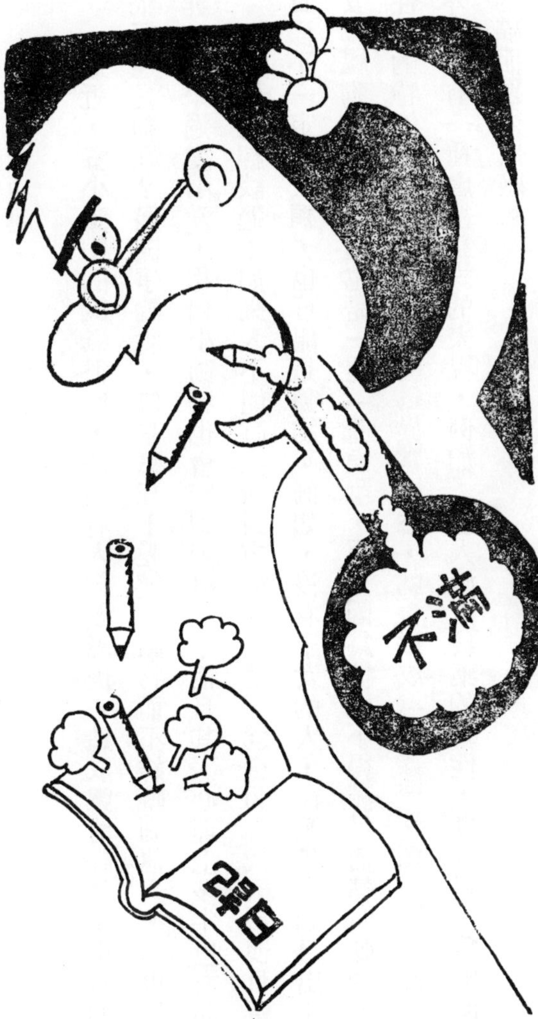

寫日記或寫信，可以解消不安和欲求不滿。

22

太過於寵愛小動物，會引發不信任人的危險。

～～～～～～～～～～～～～～～～～～～～～～～～～～～～〈溺愛小動物的危險〉

最近，養小動物的風氣很盛，甚至有人飼養老虎，造成輿情譁然；也有的爲了猫好還是狗好？展開爭論戰，眞是瘋狂！愛護小動物而不妨礙到他人，本也無可厚非，如果過度溺愛，相信小動物也會感到困擾吧？而且其人心理上多半也有問題。

前面曾經談過：如果人不能直接向對方渲洩感情，就會另外找尋發洩目標。此目標不一定是人類，也可能是動物。例如，沒有子女的人，寵愛猫宛如己出；單身女郎視狗若情人。這也是一種「置換」，都是因爲情愛不得滿足而轉向動物，具有性愛的特色；如果這種傾向轉爲異常性慾，就會形成「獸姦」之類的變態行爲。另外，也有一種虐待狂式的表現，例如：遭人始亂終棄的女性，欺凌過去爲她所深愛的猫而獲得快感。

這種「置換」行爲不只是對「動物」，對「物」亦然。例如：不幸死了兒子的母親，深深愛惜着兒子的遺物。得不到女友的靑睞，轉而眷愛她的手帕、衣服。假如這種心緒高昂，可能會發展成「對物產生性慾」；報紙上也經常有心理變態者偷取褻衣的報導；這也是因爲愛的欲求不滿，轉而向褻衣發洩愛情，以此解消不滿的一例。

或許當事人不會發現這種過度的愛護小動物或物的危機，然而他們極可能陷入不信任人的危險，這是毋容怠忽的一點。

23 因不安或欲求不滿而高亢的感情如果不得發洩，會使安定的精神崩潰。

〜〜〜〜〜〜〜〜〜〜〜〜〜〜〜〜〜〜〜〜〜〜〈沉默的陷阱〉

與「枕草子」「方丈記」同爲日本文學史上三大隨筆的「徒然草」，其作者曾在作品中提過：「話不說出來，肚子脹得難受。」這位偉大的文學家也堪稱偉大的心理學家。

人人都有無法滿足的欲求，它們會轉變成不滿、不安而使感情亢奮，這時如果保持緘默，不滿就會像殘渣一般鬱積在心中，而後總有一天，會像鼓脹的氣球般爆炸。最令人怵目驚心的例子是：因憤恨而殺人！還好，人類具有爲了不陷入這種陷阱，而把不滿、不安向別人訴說以求解消的智慧。問題是：在工業化的今天，我們周圍是否有人願意靜心聆聽我們發牢騷呢？

很遺憾！我們幾乎沒有肯聽我們細訴的人。以往，「隔壁住的是誰呀？」是一句關心鄰里、守望相助的問話，現在却變成彼此不關心、不相往來的冷漠言辭。在這種社會中，人類如何解消不滿、不安而保持安定精神呢？幸虧我們的文化遺產中除了語言之外，還有文字。我們可以不管別人是否願意看，把所有的不安、不滿全用筆寫下來，讓自己心中因爲發洩而獲得快慰。

日記、信件就是幫助我們發洩不滿、不安所引起的亢進感情的工具。經由這種方式，大部分的胸中鬱氣都可消除；所以，寫日記或寫信，實在是安定精神的絕佳妙方。以前，報紙上曾經有以「消除緊張的經驗談」爲題的專刊，提供人們消除不安、緊張的方法。有一個主婦告訴我們她切身的經驗——她把一切的悶氣毫無顧忌的全盤寫下，藉以消除亢奮的感情；當時她自擬的題目是「不投郵的信」。

當她寫好之後，反覆再三的細看，之後，她不禁覺得自己實在太可笑，而把那紙牢騷話揉成一團，丟入垃圾桶，此時，她的心理緊張已經煙消雲散了。這位家庭主婦可以說是把日記、信件之心理法則的實踐方法，以最簡捷的表現爲我們說穿了。

24

如果你見到某人熱衷於某種遊戲，就認爲他喜愛遊戲，那就大錯特錯了。

～～～～～～～～～～～～～～～～～～～～～～～～〈遊戲的陷阱〉

每一種遊戲都盛行一時，而且隨時都有新遊戲出現，以致遊樂中心顯得熱鬧喧嘩；當然所謂「遊戲」並不只指電動玩具，諸如圍棋、象棋、麻將甚至橋牌，自古以來卽是盛行不輟的玩具。爲什麽一般人都熱愛這種種的遊戲呢？

由心理學上來看，遊戲是一種消除人類攻擊欲望的手段。每個人都具有攻擊欲望，可是如果在現實中將這種欲求付諸行動，必然會受到法律的制裁；因此人們必須設法抑制這種違反社會準則的欲望；而最好的發洩途徑就是「遊戲」。遊戲是一場不流血的戰鬪，可以一決勝負，又爲社會所容許，所以經由這種方式發洩不滿，無愧於心。尤其對方如果是你平日最感到不滿的上司時，你要是在遊戲中徹底的打敗了對方，那時你心中的快慰之情是筆墨難以形容的。

心理學上把這種「將社會所不容的欲求以其他行爲代替消除」的心理結構稱爲「代償」；除了遊戲之外，賭博、跳舞、與異性握手都是一種對性欲求不滿的表現。

失戀的人，有的把得不到滿足的性欲，經由借酒裝瘋發洩掉，有的則將痛苦深藏，埋首寫下不朽的名作。由此可見，欲求不滿的解消法因人而異；如果是朝向知性、藝術等對社會有價值的行動，就叫做「昇華」。

精神分析學創始者佛洛伊德認爲，藝術作品產生的原動力來自性欲不滿；這種斷言或許言過其實，但是，例如文藝復興時期的一代巨匠達文西，有關其人厭惡女性的軼聞也很多，可見兩者確實具有密不可分的關係。

25

表面順從的人，背地裏往往隱藏著躲避責任的心理。

〈順從的陷阱〉

這件事發生在我年輕時。有一天，某友人要我陪他上街選購衣服。其實我對衣服沒多少認識，可是正巧有空，所以就陪他一道上百貨公司，到西裝部選購西裝。我的朋友左挑右選，一直拿不定主意，他不斷地徵詢我的意見。那時我想，既然已陪他來，自然要提供一點建議，於是，我懇切的提出了種種看法；後來，我逐漸地覺得不耐煩，於是以半開玩笑的口吻說：「這一件還不賴！」他說道：「眞是這樣嗎？那我就買下來嘍！」

過了幾天，我聽到了令我懊惱萬分的話，我那位朋友竟向別人說：「多湖這個傢伙眼光眞差，竟然替我選這套西裝！」我覺得是他自己要我代爲挑選的，選好了才說這種話，眞是豈有此理！我那時實在憤怒至極，然而總不能爲這點芝蔴小事就和他翻臉啊！只好自認倒霉不予辯白。

各位周圍是否也有這種類型的人呢？表面上聽從別人的建議，按照別人的意思行動，但實際上卻一點都不負責任。這就是心理學上所謂「抑制過剩」的心理結構強烈表現時常見的行動。「抑制過剩」就是「過分抑制自己原本具有的欲求，使自己的態度看起來謙虛、客氣」。這種屬於「謹言愼行」的類型，往往由於無法自動滿足欲求，而完全依照他人之言行事，並且絕對不會讓別人知道他們心中意欲究竟如何。

卽使「抑制過剩」的心理不很强烈，但是許多人在日常生活中或多或少還是有這種現象。例如：在會議進行當中，卽使議題重要，自己要是對該方面欠缺硏究，就不會積極發表意見，換句話說，他們以服從多數的方式來推卸責任。也就是說，萬一日後該結論遭人非議，他可以理直氣壯的表示：「我是遵從多數人的意見啊！」以逃避責任。由以上的例子我們可以知道：表面順從的人，往往心存逃避責任的念頭，如果我們不察，就會吃暗虧。

26

不斷提高理想的人，多半不願意實現該理想。

〜〈理想家的陷阱〉

以前，我曾經請託某位學生幫忙搜集一些文獻，並且把大要寫出來。然而一日復一日，却未見工作完成。我再三催促他，他每次都告訴我：「恐怕還有某些文獻遺漏了。」「概要寫得不太好，還需要修改。」「寫是寫好了，可是字跡太潦草，我想再謄一次。」表面上看來，他的話言之有理，似乎是一個做事認眞的人，然而實際上他是在拖延、推諉；最後，我實在無法再與他耗下去了，只好自己把該項工作完成。

我這位學生之所以想要追求「完美」，可能是擔憂我爲他的工作所下的評價不夠好吧？否則他怎麽會以種種藉口一再拖延工作呢？

當然，每個人都有理想，也爲了實現理想而努力以赴。但是，理想終歸是理想，必須配合現實才有實現的可能；假如像我這位學生一樣，不斷地提高理想，就表示其人根本不想達成該理想，這是可以斷言的。

以上所言也是「抑制過剩」的一種表現；源自「怕負責任」的心理，他缺乏能够抑制自己的適切力量，所以才一味提高理想，以「理想」做爲敷衍塞責的藉口。

這種類型的人表面看來意志很堅定，爲了實現理想，卽使犧牲其他欲求也在所不惜，然而實際上他們表裏不一致。換句話說，他是個缺乏意志力的弱者。我們要探知其人是否眞正意志堅强，只要看他處理現實問題的方法就可窺知端倪。當他看起來固執不通時，其實就是藉之逃避責任；此時，如果對他從外施以强大壓力，就很可能使其原形畢露。

＜本章總結＞——如何避免掉入慾求的陷阱？——

1白天和夜晚神情迥然不同的人，通常都是以時間之別改變自己，以消除對立的欲求。
2隨着不同的場合改變服裝，可以滿足某種程度的「變身」欲望。
3說「我們」，其實可能指的就是「我」。
4說話語辭喜愛用「我們」者，多半是應聲蟲。
5喜歡强調「我」的人，會被認爲是「自我表現狂」。
6過分向別人獻煙敬酒，反倒會使對方減低對煙酒的欲求。
7不想讀書時，先痛快的玩一陣吧！
8臨考以前觀賞的電影、小說，可帶給你更深刻的感受。
9頑固不冥的人，通常都是做事不如意欲求不滿的人。
10會議中不發言的人，心中可能具有優越感。
11喜歡坐在不易發現的角落者，多半具有支配欲和征服欲。
12以幻想來矇蔽現實的不滿者，容易陷入自閉狀態。
13幻想者的謊言，因本人並無惡意，反會帶給周圍惡劣的影響。

14經常回憶「那時候多好啊！」的人，就是對現實狀態感到不滿。
15經常帶小動物散步的女性，多半有强烈的性慾不滿。
16珍惜足以引發美好回憶之物的人，多半對現在的境遇有所不滿。
17投書報社發表意見，可以解消心理緊張。
18把心中話寫出來，卽使是不投郵的信，也可以消除某種程度的欲求不滿。
19睡前寫日記，可鎭定一天當中因不滿而亢奮之情緒。
20熱衷於具有明顯勝負的遊戲，是具攻擊性格的人。
21喜愛跳舞的女性多半欲以舞蹈消除性慾。
22許多高度的藝術品都是爲了解消欲求不滿而產生的。
23工作看起來好似在追求「完美主義」的人，其實多半不願完成該項工作。
24害怕別人評價的人，凡事都想一味拖延。
25服裝突變，多半表示又有了新的欲求。
26對薪水感到不滿，就表示其人工作意欲減低。
27喜歡回憶往昔的人，往往無法適應時代潮流。

28把同一件事反覆再三說明，表示他不願意別人批評他的結論。

29喜歡在鏡子面前搔首弄姿的人，具有變身願望。

30能力很强但是愛口出狂言的人，具有歇斯底里的性格。

31若常以物品代替來滿足欲求不滿的感情，則有發展成性變態的可能。

32想和對方握手，可能和性慾有關。

第三章

態度上的陷阱

——為何人很容易上當?——

27

過度親切殷勤，可能潛藏著強烈的敵意或反抗意識。

～～～～～～～～～～～～～～～～～～～～～～～～～〈親切的陷阱〉

當別人對我們親切殷勤時，我們絕不會想到對方心懷惡意而來。換句話說，向他人表示關心、恭敬，是為了建立良好的人際關係，也是一種習以為常的禮貌。我們要求別人的，並非親切、恭敬的實在性，因為我們通常都知道，這只是表面的禮貌，但是表面的態度却很重要。即使親朋戚友之間亦然，因此有時要責難某人，就以某人「態度不好」來代表一切。

總之，不管具有何種感情，如果雙方彼此相衡，人際關係便無法成立，所以必須親切往來。但是，假使對方態度良好，我們是否就沒有戒心了呢？不！我們還是經常會懷疑：「為什麽他對我如此親切、殷勤？」「是不是有什麽企圖？」的確，這種直覺相當正確。俗語說：「口蜜腹劍」，一點都不錯，過度的親切殷勤，通常骨子裏隱含着反抗意識或強烈的敵意。例如：內心怨恨着子女的母親，反倒對子女溺愛有加；因為她深知母親仇恨子女的感情不容於社會，所以轉而溺愛子女，把感情發洩出來。

心理學上把這種心理結構稱爲「反動形成」。當某個人對「把自己的攻擊欲求直接表現出來」感到不安時，所表現的常常是「恰如其反」的態度。例如，憎惡妻子的丈夫，往往使人誤以爲他深愛着妻子；恨不得殺死有外遇的丈夫，却待之更婉順；表面上看起來好似恩愛夫妻，背地裏却彼此陷入可怕的、相互憎惡的漩渦，時時在冷戰狀態中；這些都是屢見不鮮的事。爲什麽丈夫（或妻子）會採取這種態度呢？因爲他們害怕一旦婚姻破裂就會受到社會的制裁。

以獲所以，由以上的例子我們可以獲得一個教訓：假使某人對你過分親切、殷勤，你必須留心對方的眞意，採取適當的行動。

28 不完美的理論較容易取信於人。

〈理論的陷阱〉

當我們要採取某種行動時，一定先有種種動機、理由或其他無意識的作用介於其中；「理論上同意」也是條件之一。以安排暑假旅行為例；八月中，都市、鄉村之間的人口會有大移動；無論鐵路、公路交通都很擁擠；但同樣在八月，前半期下鄉人多，後半期則返城者多；所以假使採取相反路線，旅行應該較為舒適。我們通常根據這種判斷方式決定計劃，然而也經常因發現「理論」和現實有所差距而失敗；尤其對於計劃自己原本缺乏經驗的行動時，更不得不慎重，也對根據「理論」的說法抱持懷疑的態度，我們對那些條理分明、層次井然，似乎無懈可擊的完美理論，常會因戒懼其中所潛伏的陷阱而起疑，反而不予採信。

例如不少詐欺慣犯就常利用這種心理的缺陷來作案。他們正推銷商品時一味隱瞞該商品的缺點，還算是初出茅蘆者的作法；手法高明的推銷員會說：「就是因為這個商品有缺點，所以客戶不要！」或是「貨交了一半，賸下這一半交不成，怕冋公司無法交代，隨便賣賣，求現算了。」像這樣，把該商品的某些缺點「暴露」在觀衆面前，反倒能博得他們的信賴。例如，百貨公司的廉價部門人潮洶湧，就是「不完美」比「完美」更容易攫取人心的明證。

這種心理缺陷尤以教育程度愈高者愈强。根據美國陸軍情報教育部的實驗（本實驗是爲了說服美國人民將與日本長期作戰而準備了兩種說服稿件），一種完全只說明戰爭很困難，並把會長期拖延的條件一一提示出來；另一種除了說明戰爭困難且會拖延之外；同時說明日本工業處於劣勢，因此也有可能很快就會結束戰爭。實驗結果，高中以上的學生多半被後者所持的理由說服了。根據此實驗顯示：對說服者原案持贊成意見的一羣人，僅提示不包括反對意見的單方面資料，較容易說服；而事後欲以相反意見來試圖說服時，所遭遇的抵抗力是當初一併提示相反意見在內，能予說服的另一羣人，來得較爲强烈。

29

一個人對於權威和狀況名正言順的情況下，任何强制命令都很容易服從。

～～～～～～～～～～～～～～～～～～～～～～～～～～～＜服從的陷阱＞

在公司裏，每個職員都必須服從其命令的董事長，回家之後，却威嚴掃地而變成開明、民主的父親。爲什麽職員們會服從他所下達的命令呢？這是根據何種心理法則？

第一、端看屬下對下達命令者的好意與善意而定。「他說的話，我們不能不聽。」如此，讓屬下對長官產生「順從」的積極意志。但是，這種暴君的性格如果出現在家庭中，家庭成員會對他極感厭惡。第二、視屬下是否尊重發布命令的人。屬下鑑於利害關係，通常不會產生反抗心理；但這種只顧賺錢的董事長，似乎不是家人尊敬的對象。

第三、屈服於權威之下，被强制服從。董事長在公司內威風凛凛，固然是因爲他博得職員的好感和尊敬，但最主要還是因爲他握擁權威。可是，雖然他權力龐大，如果使用不當或行使權力的狀況不太妥當時，屬下仍會產生反抗心理。所以，獨裁的董事長只有在「權威」「行使權威的狀況」此兩者被認可的公司內才能叱咤風雲；在家庭裏可不是他耀武揚威的地方。

其他例如：學生服從老師、市民服從警察，都是因他們承認其權威及下達命令時的正當性。沒有搜索狀而搜查民宅，會被認爲是騷擾百姓而遭抗拒；可見其職權行使欠缺人心所服的正當途徑。再例如戰爭當中殘酷的殺戮行爲。士兵之所以服從這種反社會的命令，是因爲他們的上司把權威和戰爭狀況正當化了，致使士兵們消失了反抗心理而忠心服膺上司的領導。由以上的例子我們可以得知：要使所下達的命令讓人服從，下達命令的人之權威和行使權威的狀況必須名正言順，受人認可才行。

30 情報傳達者的人格魅力遠較情報內容更容易使人改變態度。

〜〜〜〜〜〜〜〜〜〜〜〜〜〜〜〜〜〜〜〜〈人之魅力的陷阱〉

我們的人際關係是以家庭、學校、公司等集團爲中心而構成。在社會中，有像父子、夫妻、師生、上司屬下等接觸頻仍的人，以及像參加里民大會、家長會、舞會時才得以見面的人；這些都屬於能直接接觸的「看得見」的人際關係。

然而，在現今情報化的社會中，另外還有一種看不見的人際關係，那就是我們和電視演員、收音機播音員、小說中出現的人物所發生的間接接觸。這種看不見的人際關係往往影響我們的意識、態度至深。

舉例而言，爲什麽我們對素未謀面的演員所廣告商品的信賴度要高於目前我們原本使用的商品？根據情報理論，不管是看得見或看不見的人際關係，我們是否會被其說服而改變態度，乃是取決於我們對該說服者的好惡。換句話說，我們是受對方魅力的影響而改變態度。一個沒有魅力的老師說：「不要忘了做功課啊！」效果絕對比不上一個名演員在電視上告訴小朋友們同樣的話。由此可見，不管情報內容如何，傳達情報者的魅力足以改變聽者的態度。

反之，卽使傳達情報的人是你的雙親、老師或上司，假使他們對你毫無魅力可言，不只無法說服你，還會產生反效果哪！

換句話說，他們的說服行動像澳洲土著所使用的飛鏢一般，投擲出去後又返回原地，根本發揮不了作用。

當然，以「權威」說服對方可能收到一時之效，却不能持之久遠。因此，責怪孩子受電視、漫畫不良影響而變得不聽話的父母、師長，應該捫心自問：自己是否欠缺了足以影響孩子的魅力？

31 道人長短、冷嘲熱諷，是想要佔優勢的表現。

〜〜〜〜〜〜〜〜〜〜〜〜〜〜〜〜〜〜〜〜〜〜〜〜〜〜〈嘲諷的陷阱〉

「他很喜歡諷刺別人」「他專喜歡背地裏說長道短的」，我們經常可以聽到這種批評；冷嘲熱諷、說長道短、誹謗中傷，這些傷害性的話，有人認為是對對方的批評，其實未必然，往往只是想在氣勢上凌駕對方罷了。

例如婆媳之間的紛爭。自古以來，婆媳之間多半不睦，因此成爲電視、小說的最佳題材。綜觀而言，婆媳之爭乃是爲了爭「領導權」。

不管是婆婆或媳婦，都會背地裏對自己的摯友發牢騷、吐苦水；而當婆媳雙方面對面時，又會彼此說一些冷嘲熱諷的刻薄話；可見彼此心中對對方都有所不滿；但是癥結所在還是「權力之爭」。

從婆婆立場來看；她看不慣媳婦料理家事的方式，她認爲自己做家務的方式較爲優秀，但是媳婦却一意孤行。反之，從媳婦立場來看；她認爲婆婆古板、守舊、落伍，所以不願聽從她的話。總之，婆媳雙方都不願意自己份內之事受到侵犯，可是却又偏偏受到侵犯，因此乃把這種不滿以背地裏說長道短、面對面冷嘲熱諷表現出來。這種心理就是源自「想站在比對方更優越的地位」而來。

一般公司的職員受上司責備時，也會發牢騷。他們在工作崗位上無權拒絕上司的指示，頂多也只能採取陽奉陰違的態度，所以一旦對對方有所不滿就不容易消除；假使對上司冷嘲熱諷，一定會遭指責，因此他們往往在與同事們用餐時借酒裝瘋，發牢騷洩憤。

這種批評往往源自：「其實我的能力比他更强，只不過他是我的上司，我不得不聽他的。」的心理，絕不是心懷惡意。但是由此可見，人爲了不讓他人知道其眞正動機所在，往往會利用種種藉口使其行動合理化。像這種背地裏說長道短的行徑，就是擔憂「自己的能力比對方更强」的願望被人看穿，所以才用批評的形式滿足自己的欲求。

32 假使對對方懷有憎惡、不安的感情又不願讓對方知道，就會變得面無表情。

～～～～～～～～～～～～～～～～～～～～～～＜面無表情的陷阱＞

我曾經和幾個公司的幹部有過一次聚會。列席者都稱讚其中某位課長頭腦敏銳、口舌犀利。聚會當中，我對該課長的神情覺得納悶；因為當大夥談笑風生，舉座哄然時，他却只微微牽動一下嘴角，立卽又恢復漠然的神情。

在座者也有一人發現該課長這種異常的神情。他認為：「某某課長實在冷靜，不會被我們這些無意義的笑談所誘惑。」或許這是婉轉的諷刺之言吧？我的看法和他不同；該課長的神情令我深感不安，那種稍稍牽動臉部肌肉的神情，顯得何其僵硬恐怖啊！

聚會以後的第四個月，聽說該課長患了精神病，住院療養。當時我的預感不幸應驗了；他的冷漠神情並非是習慣使然，全然是精神病的症候啊！至於他為什麼會形成這種疾病呢？原來，他身為管理階層，站在工作的第一線勢必具有相當程度的才幹方能勝任，而且也必須費盡心神管理屬下，因此精神壓力很大。但是人一旦心理感到强烈不安或心存憎惡、敵意時，就會竭力隱藏這種心理狀況；就在隱藏該情感時，連喜悅、舒適等良好的感情也受到了影響，被抑制下來後，變得面無表情；嚴重者甚至對外界的一切變化全無反應，像行屍走肉一般。

像以上所說的這位課長，必然是基於某種理由，而感到强烈的心理不安及壓力，以致妨礙了自然感情的流露。這樣看來，他在工作上所表現的鋒芒，只不過是一種想暫時逃離不安的表現罷了。

當然，人的表情也和其人性格有關；也有某些人確實對任何事都漠不關心、毫不感動的。但是，本章所擧的這個例子告訴我們：在許多看來平靜、安詳的神情背後，往往隱含着不足爲外人道的心靈創傷。

33

人對事物的評價高低，取決於他是否渴望得之而不能獲，或是不欲得之而不能不獲之。

〜〜〜〜〜〜〜〜〜〜〜〜〜〜〜〜〜〈評價的陷阱〉

我們在日常生活中，會給予各種人、事、物、狀況不同的評價。評價的目的在於決定自己的行動，所以我們必須判斷該人、事、物、狀況是否對我們有利。

但是，評價是否一定公正無私呢？那就很難說了。一般而言，評價絕對不够客觀，往往取決於該評價對象和我們的心理關係，有時會過高、過低而有所偏差。

例如，某男性最近和他女朋友分手。於是他說：「她驕傲、沒時間觀念！」甚至說：「她胸部扁平、滿臉雀斑！」「和這種女人在一起會痛苦一輩子。」他所說的可能和眞實相差無幾，也可能都是不值一提的事；他之所以這麽說，是由於「被遺棄」而產生的「過低評價」。

另外還有一種情況。某女孩要和一位家無恒產的男人結婚了，而且還需和公婆同住。她說：「跟他結婚也有好處；不像有名望的家庭那般嚴肅，可以過輕鬆自由的日子，而且有老人家同住，將來帶孩子不會太累。」其實，她的說辭、她看起來幸福洋溢的神情，是否可以全盤相信呢？

通常，「想要的，得不到；離自己理想太遠」時就會產生矛盾，如何解決這種矛盾所帶來的痛苦呢？就要利用種種「合理化」的「藉口」，亦即「酸葡萄」「甜檸檬」的心理。

因此，當某人評價某事物時，你必須探究其人心中是否有這種心理存在，否則就無法確實掌握對方眞意所在。

34 人的能力發揮受限於地位。

〈地位的陷阱〉

日本職業棒球名教練三原脩，是專門尋找千里馬的伯樂，把許多藉藉無名的小卒培育成縱橫體壇的選手。以創建「西鐵獅」棒球隊黃金時代的游擊手豐田泰光來說，他就是經由三原脩的慧眼才脫穎而出的。當年，豐田泰光甫自高中畢業，三原脩不管他在球場中有多少失誤，都一再耐心的指正、培育，終於使他成為日本全國最優異的游擊手。

光是素質良好、勤奮苦練，如果欠缺信心，還是無法使潛力發揮盡緻。三原脩的訓練法毋寧說是一種「信心訓練」；我們知道，不管實力如何雄厚的選手，要是連連失誤又遭觀衆開汽水，就會對自己失去信心；這時，假使團隊負責人告訴他：「你絕對能够勝任西鐵獅游擊手！」那麽，他便會勇氣百倍，信心十足的全力以赴。豐田泰光便是因為三原脩的激勵，使他在打擊、守備上皆表現得無洩可擊；也可以說，豐田泰光的潛力得以發揮，是因為三原脩先給予他正規游擊手地位之後訓練成的。

由此可知，擔當某種職位時，其人自然會學習足以勝任該職位的技術或知識，因此，先有該職位，自然可以發揮潛力。此心理法則用諸選手身上就像豐田泰光一般，先給予他地位，再訓練他發揮正規選手的能力，這是他成功的秘訣。

同理，假使給予某人董事長的頭銜，自然而然他就發揮出適合該名份的能力；學生做功課亦然，先抱定「我是優等生」的信念再全力以赴，就會逐漸產生信心，使功課長足進步。反之，卽使才華卓然，要是三番兩次的失敗後，被調到冷門課別，就無法施展抱負了。所以，不管身爲經營者、師長或父母，都必須利用這種「有地位自然就能發揮才幹」的道理來指導後輩。

人對具有權威而在正當狀況下所下達的命令都樂意服從。

人容易把個人交惡的原因歸罪於世代的對立或哲學思想的相差。

35 人負有某種任務時，與任務無關的行爲也會受其影響。

〜〜〜〜〜〜〜〜〜〜〜〜〜〜〜〜〜〜〜〜〜〜〜〜〈任務的陷阱〉

公司裏的員工講習會、社會的心理輔導中心，爲了增進員工彼此之間的了解或解消患者的煩惱，經常使用「任務演技法」。人之所以無法彼此了解，是因爲各自堅持立場，不替對方設想的緣故；所以假使故意調換他們的任務，讓他們爲了完成任務而採取行動或發言；那麽，他們在任務完成，回復自己原來的職位時，就能够彼此了解雙方的任務了。

美國耶魯大學的哈普蘭教授曾經擧行一次「演說試驗」；也就是說，讓參加者演說指定的題目，其後發覺他們的思想深受演說內容的影響而起了變化。又如，女明星珍芳達熱衷印第安解放運動，乃是因爲她曾經扮演過境遇悲慘的印第安女郎的角色。

由以上的例子可知，當人被附予某種任務時，會受其影響；卽使和完成任務無關的其他時間，全盤的生活，想法也會有改變的趨向。有些人認爲：當公司人事調動時，若被調任新職，爲了執行任務，他當然必須採取和此職務相稱的措施；這是基於職務上的需要，日常生活並不會受其影響。假使果眞如此，「任務所帶來的心理影響」究竟如何，便需重新評估了。試想：升任課長的同事是否還會一如往昔，和員工們說說笑笑呢？

總之，這種「任務演技」不惟在員工講習會、心理輔導中心嘗試使用，也用在其他方面。給予某不良幫派「老大」一種管理、指導性的任務，可以改變其想當「頭目」的不正當行徑，即是例證之一。

36

肉體緊張會加深精神的緊張。

～～～～～～～～～～～～～～～～～～～～～～～～～～＜緊張的陷阱＞

考試是一件令考生緊張心悸的大事情，即使科目減少，競爭降低，還是無濟於解消他們的緊張。

當我監考時，要是看到面色蒼白、幾乎隨時都有可能暈厥的考生時，眞想告訴他：「不必這麽緊張，放輕鬆一點，就把這次的考試當成性向測驗好了。」

早在幾年前，我就曾對考生說過這番話，結果引來哄堂大笑，原來，某位考生在聽了我的話後，竟忘形的突然站起來做體操。

其實，這位考生之所以做體操並非想博取大家一笑，只是想設法消除緊張，以輕鬆的心情參加考試罷了；他萬萬沒想到自己的做法竟然也消除了全場考生的緊張感呢！

該考生以做體操的方式消除緊張，乃是根據經驗所採取的下意識行動。在我們日常生活當中也不乏其例。例如：相親時爲了消除緊張不斷的動動手指、換換姿勢；求職等候面試時，偶爾動動脖子、搖搖頭部；以上這些看來毫無意義的動作，却是解消緊張、安定心情的大功臣哩！

當心理緊張程度增高時，人往往會情不自禁的握緊拳頭，全身僵硬；如果想消除緊張、放鬆心情，首先必須設法放鬆身體；也就是設法把「精神的能」轉換成「肉體的能」。所以，頻頻動手指、換姿勢、動脖子這些動作皆很符合人類的心理結構，是一種緩和緊張的無意識的機械性運動。

如果善用這種方式以做自我暗示，卽使多麽緊張也能安定心情，產生信心；就像以上所擧的例子：由於緊張致血液上湧腦部、昏昏沉沉的考生，設法使身體某部份機械性的活動一下，對消除緊張，效果良好。

37 與對方的感情程度及社會關係，可以由彼此的空間距離測知。

〰〰〰〈距離的陷阱〉

當我參加會議時，如果議席未經決定，可自由入座，我一定盡量提早赴會場做一種心理測驗：也就是由彼此空間距離的遠近，測驗其人對對方的心理抗拒感。

試驗結果，坐得離我較遠的人是一些我曾教過的大學助教和某些與我較疏於連絡的人；至於平常不大親近的公司董事長、經常見面的演員等會走過來寒喧致意，然後坐在附近；我以這種「事前觀察」的方式了解自己與對方的感情程度和社會關係，然後考慮會議內容，安排發言機會，如此就會使得無聊的議席間充滿活力和趣味。

人與人之間的親密程度與個人和對方之間的空間距離成正比。美國心理學家赫耳有一篇知名的實驗報告，把人際之間的親密程度分成四個領域：一、親交域（約相距四十至五十公分，能感覺得出對方的氣息）二、個人域（與對方相距五十至一百二十公分）三、社會域（與對方相距二百七十至三百六十公分）四、公共域（三百六十公分以上的距離，例如對大衆演講的範圍）。通常，人都是以此四個領域來測量自己與對方之心理距離，因此假使某個你不認爲是很親密的人坐在「個人域」或「親交域」，你自然會廻避或採取防衞姿態。

另外有一位心理學家發現，並排而坐比面對面而坐更顯得親密。因此，當你和異性約會時，不妨試試。例如，在咖啡廳裏，如果她把椅子拉到後面或對面，可能就表示她對你覺得陌生；假使你覺得她是因難爲情而採取疏遠的態度，大可把椅子拉向她那方試試看；假使她躲開「個人域」，卽表示「你無望了」；假使她仍保持「親交域」，那麽，你們的感情必有進展的可能性。

38

人對後來所得的印象、知識，都會設法使之符合第一印象。

～～～～～～～～～～～～～～～～～～～～～～～〈第一印象的陷阱〉

當我們與某人初次見面時，往往據其第一印象判斷其人的全部。爲何「第一印象」會深烙腦海，永不消失呢？這眞是一個耐人尋味的問題。

一見鍾情而結婚的例子確實有，而且日後婚姻生活也頗爲美滿，可見「第一印象」也有可能正確；但是，其實第一印象往往潛藏著意料之外的陷阱。因爲我們通常會根據介紹人的說辭而在未與對方見面時就先了解其人的學歷、人品。換句話說，如果你初次遇見某人，不曉得他是某大學的高材生，不見得你就會欣賞他；如果你事先沒聽說，她是個溫柔的女孩，說不定你不會覺得外表嚴肅的她，也有柔情萬千的一面。因此，我們對某人的判斷往往係根據事前獲悉的情報和資料，如果沒有這些情報，第一印象往往是錯誤的。

至於我們一味認爲第一印象很正確，是因爲我們不願意任意改變這個印象的緣故。心理學家亞瑟說，第一印象之所以會深深烙印在腦海中，是因爲日後所得的知識、印象會在無意識中改變成適合於他最初所接受的印象之故。一旦對對方產生好感後，就會產生「情人眼裏出西施」的心理，因此多半不願意接納與最初不合的情報。

騙婚的悲劇就是經由這種心理而釀造的；吃了暗虧的女郎根本不理會週遭的正確看法，完全聽由情人擺佈，甚至治安機關掌握了男方騙婚的證據時，她仍然執迷不悟的坦護着他；由此可見「第一印象」作用之大。

39

處在無洩可擊的集團中，人會把疑念自封不表。

～～～～～～～～～～～～～～～～～～～～～～～〈集團的陷阱〉

我曾聽過某公司經理的經驗談：

「當我進入某公司約兩三年時，有一次，我所隸屬的單位要企劃一項銷售計畫。這是一件以課長爲首，全體課員羣策群力進行的龐大工作，可是我總覺得有什麼不妥之處，一下子也說不上來；而且我又想，自己只不過是個初出茅蘆的小伙子，怎麼能夠指責前輩們孜孜矻矻的工作中有所缺憾呢？——可是我錯了！銷售計畫出了差錯，失敗了；看起來好似完美的計畫却是金玉其外、敗絮其中啊！」

「如果當時我有勇氣把問題提出來，……」直到現在他還深感懊喪、悔恨；其實他當初不說出疑念，並不是由於欠缺勇氣，而且受制於「集團」的緣故。

一個緊密周全的集團在決定意見時，的確也有人會產生疑念，但是他們往往爲了怕破壞集團的統一協調而將疑念存封起來。社會心理學家詹尼斯將這種情形稱爲「全體一致的幻想」；甘迺廸總統時，古巴猪邏灣之役的慘敗也緣於此種原因。據當時甘迺廸智囊團之一的蘇蘭卡回憶說：「我們的會議是在一種製作同意的奇妙氣氛下進行，沒有一個人發表反對的意見。」由此可見，卽使是一個具有高度智慧的人，想掙脫出這種「全體一致」的幻想也很困難。

再例如，會議時有人保持沉默，只表示贊成；主席爲了請他們發言而想盡辦法，可是，也應該考慮爲何其人不發言呢？不發言的原因當然很多，除了畏首畏尾者之外，集團的形態也是造成衆人保持沉默的原因之一。例如：卽使發言也是由上司專權獨斷的獨裁集團，與會的人就會失去發言意欲。因此，在開明的民主會議當中，組織愈堅强，愈容易產生「全體一致的幻想」，尤其是對組織「歸屬感」愈高者，愈擔憂破壞會議進行順利的氣氛。

40

墨守成規是失敗的原因。

～～～～～～～～～～～～～～～～～～～～～〈反覆的陷阱〉

太平洋戰爭時，日軍慘敗，敗因甚多；對軍事問題外行的我談論此一問題可能有欠妥當；但是我覺得「太平洋戰爭之前，日軍從未吃過敗仗，這也是太平洋之役失敗的原因」。不論是中日甲午戰爭或日俄戰爭，日軍皆連連獲勝，軍部認為「勝因在於海軍力量強大」，因此，日俄戰爭之後數十年間，日本致力發展海軍，也全力製造戰艦；甚至在裁軍會議上也不肯妥協戰艦保有量。日本當局這種熱衷於發展戰艦的行為令各國甚感不安，但是，美國却認為以戰艦為中心的海戰已成為過去，乃大量生產飛機和航空母艦。因此開戰後，日本於中途島之役吃敗仗，然後就節節失利，終於無條件投降。

我認為，當初如果日本轉而加強飛機和航空母艦，或許戰局會有所改變；我之所以這麽說，並非希望日本掠奪整個世界，只是由此例來說明：人一旦以某種方法取勝，就會固執其法，不想改變。當然這種方式有時會進行得一帆風順，但是也在往往會由於侷限在固定的構想中，而陷入無以自拔的泥淖中。

因此，假如遭遇失敗的打擊，除了檢討錯誤的地方之外，對於方法本身更應該力加檢討。

41

報告情報者會因忖度對方喜惡而增減情報價值。

〜〜〜〜〜〜〜〜〜〜〜〜〜〜〜〜〜〜〜〜〜〜〈報告的陷阱〉

某家公司的負責人於繁忙的業務當中，仍要抽出許多時間在公司內走動，和職員們打打招呼、說說話。他並非想藉此和平日不常接觸的職員們加深感情，而是爲了想獲得與工作有關的直接情報。通常，由客戶而來的情報傳到他耳中時，已「過濾」過了，所以和各級職員直接接觸，是獲取正確情報的途徑。

在這種情況之下獲得的多半是「壞消息」，對經營上將有所裨益。我們知道，人都有一種「報喜不報憂」的心理，如果該情報不中聽，報告者往往會隱瞞部分事實，然後再經幾人輾轉呈報的結果就變了質。

或許你本身也曾有過以下的經驗：如果勢必向上司報告某件對公司無甚益處，對自己又不好的事情時，往往會先報告其他事項，最後再說出這件事，並同時强調：「我想，事情不會太嚴重……」

每個人幾乎都會因爲「擔心對方不高興」而在無意識中減低情報價值，如此一來，情報品質或多或少都會有所改變，而且這也反映了一個事實：這是人類所具的心理結構之一，是一種「為了減輕對方聽取情報後的反應引起自己的不愉快」的防衛心理。

同理，假使忖度該情報會大獲對方歡心，往往報告者就會過分渲染誇大。由於情報裏反映了報告者的價值判斷，與實際狀況有所出入，所以我們可以說：「聽了好情報要打五折，聽到壞情報却要加五成。」

人容易把私人交惡的原因歸罪於世代的對立或哲學思想的相差，而將自己的行爲知性化。

42 〈對立的陷阱〉

老一輩的人經常會發牢騷：「現在的年輕人啊！……」，這種浩歎「人心不古」之類的話早在古埃及文書內也有所記載；可見自古以來，這就是一個反反覆覆的「老問題」。

事實上，這通常只是對某個人的攻擊，可是却轉換成了對整個時代的批判；爲何會如此批評呢？可能他本身對該時代的共同行動和風潮不了解吧？

此一轉換行爲在心理學上稱爲「知性化」，是因爲要把主觀想法轉換成客觀欲求的表現而產生的。此種行爲多半是知識分子共同的傾向，也是「凡事要按規範處理，他才會心安」者常見的態度。

所謂「知性化」，除了把對個人的攻擊轉變成批評整個時代之外，也會把個人的愛憎轉爲哲學上的問題。例如，把「對父母不滿的『感情』問題轉換成「我對事物的看法與價值觀念與他們大不相同」或「他們根本不知道人爲什麼活着」種種「觀念」上的問題。

無論是轉換成對時代的批判或哲學觀念上的問題，都是要使其行爲合理化。所以「知性化」並不一定眞有「知性」。例如前述老人家的牢騷話，不外乎是一種「我過的橋比你走的路多」的心理作祟，他自認爲自己那一代比年輕的一代活得更有意義；但是客觀而言，他對某些於己不利的一面却絕口不提啊！

由於「知性化」並不見得確有「知性」，所以常會出現矛盾的批評：「現在的年輕人太軟弱了，連個女人都無法說服，太不像話了！」「現在的年輕人很懶，只知吃喝嫖賭，太可悲了！」

總之，「知性化」的話聽來，當場或許覺得有理，其實不然，而且當事人多半不會覺察自相矛盾的所在。

43

人對某事獲得強烈印象時，會犯「以偏蓋全」的毛病。

〜〜〜〜〜〜〜〜〜〜〜〜〜〜〜〜〜〜〜〜〜〈曲解的陷阱〉

當我們詢問觀光客對某國的印象如何時，通常答案因人而異。有的說：「太好了！那個國家的人民很親切有禮。」有的說：「他們太自私！太粗野了！」乍聽起來，好似在批評不同的國家；到底誰的批評正確呢？很難說。

前者可能因爲他在購物時遇到一個親切有禮的店員，印象深刻之故；後者也可能是在街頭問路時，遇到了一個粗野的小伙子，惹得他一肚子火的緣故。其實，這些都只是特殊的「個案」，每個國家都有親切、粗野的人；可是人往往因對某事印象的強烈而以偏蓋全，產生誤解、曲解和偏見。這些都是日常生活中經常可以體驗得到的。

再舉個例子說明：假如你最近到某餐館用餐，服務生態度惡劣，那麽你可能就會忿忿不平的認爲：「現在的服務生眞糟糕！」一旦這種印象強烈地烙在腦海，無意識的就會對與之相反的情報產生蔑視、排斥心理；印象愈強烈，這種傾向也就愈强，因而形成一股堅定的信念，產生曲解、偏見。

一般說來，偏見是屬於某社會集團之固定化的想法；而人們自小就被教導，認爲這是理所當然的，所以一直存續於該集團內，其實偏見由某個人的曲解爲出發的例子很多，因而導致把「例外」當成「一般」、把「一般」當成「例外」的錯誤。

尤其是抱「權威主義」者更容易產生曲解和偏見，他們眞可以說是不想改變自己印象的頑固分子！所以當我們要開口批評時，不妨先冷靜檢討一下：「這是例外？還是一般性的個案？」以免掉入「偏見」「曲解」的陷阱中。

44

對人際關係較不關心的人容易掌握領導權。

～～～～～～～～～～～～～～～～～～～＜關心的陷阱＞

當一個男人深深愛上某個女人時，往往俯首貼耳、百依百順。年輕的一代之間確有其事，深愛妻子的丈夫心甘情願的雙手奉送了家庭主導權，這是常見的事。美國某心理學家曾經發表過「最小關心」的原理，也就是「人際關係的主導權在於較不關心的一方」。換句話說，兩人之間，具有强烈關心意欲的人想依賴此關係的程度較强，不願失去對方的心理也比對方更强，所以往往默許對方所提的任何要求。

從夫妻關係看來，此理論確實很中肯。「薪水全部交給我吧！」「年終獎金先幫我買大衣和項鍊。」這些似乎帶有請求意味的話在深愛妻子的丈夫聽來，卻像是一道聖旨一般。

由此原理看來，我們很容易了解爲何男人在家裏會喪失夫權甚至父權了。換句話說，他對妻兒過於關心，所以家庭主導權就被妻兒所奪了。所以，男性如果想要鞏固家長地位，即使你對妻兒關心異常，也不要表現太過份。
最後我們還要明瞭一點：「最小關心」原理只存在於兩個人之間或與當事人之間的關係（如愛人、夫妻、家族等）才能成立；換句話說，在事業上的關係不可能存在。

＜本章總結＞——如何避免掉入態度的陷阱？——

1 對孩子具有强烈憎恨心理的母親，往往會過度溺愛孩子。

2 對風流丈夫懷有敵意的妻子，反而會隱瞞攻擊性的態度。

3 「退貨大狂廉」這種表示商品有缺陷的噱頭，反而容易激發顧客購買欲。

4 含有相反情報的文章能够提高說服力。

5 有條有理、無懈可擊的理論反倒會令人起疑。

6 公司裏的獨裁董事長在公司外則喪盡威風。

7 下達命令者的權威和執行命令的狀況正當時，卽使命令不合理，屬下也會服從。

8 對自己所深深喜愛的人說的話，不論內容如何我們都會信服。

9 電視廣告中，播送人的魅力比商品本身更易收到效果。

10 婆媳之爭是爲了主導權，而不是彼此懷有敵意。

11 向上級發牢騷的人，通常是爲了想升級。

12 時常冷嘲熱諷的人，通常懷有優越感。

13 衆人哄堂大笑而他却面無表情的人，表示對此話題感到失望或抱有敵意。
14 不表露感情的人對諷刺話很敏感。
15 批評別人的說詞，內容通常都被歪曲成對批評者有利。
16 「沒有用！」「沒什麽了不起！」通常這種評價背地裏都隱藏着無法滿足欲求的心理。
17 只要當上董事長，自然就能發揮董事長的能力。
18 即使能力高强，如果職位不高也無法發揮才幹。
19 飾演某角色的演員，往往會產生和劇中人相近的想法。
20 讓不良少年當指導者，有可能改變其劣行。
21 坐着時無意識的晃動雙脚，是爲了消除緊張。
22 在室內踱方步、搖頭晃腦，是爲了消除緊張。
23 在咖啡廳裏並肩而坐者，比面對面坐者具有更强烈的親密感。
24 喜歡坐在教室後面的位子，表示缺乏上課意欲。
25 對某人第一印象欠佳時，如果要改變，必須花費相當大的功夫。
26 被騙婚的女性，執迷不悟的坦護她的情人，是因爲她對他第一印象很好的緣故。

27 人在「全體一致」的氣氛中，即使有不同的意見也不敢發言。

28 「這沒什麼大不了的！」在陳述意見前先來這種開場白，表示該話題對說者不利，有故意貶低其價值之嫌。

29 「最近的年輕人啊！……」這種浩歎之言多半出自個人的敵意。

30 當你對某人印象惡劣時，通常也殃及池魚，對其同職業者容易產生偏見。

31 接受愛情的人比愛情獨鍾的人更易掌握領導權。

第四章

行動上的陷阱

——為何要被流行所玩弄？——

45 生理興奮時，容易和當時在場毫無感情的陌生異性發生關係。

～～～～～～～～～～～～～～～～～～～～～～＜生理興奮的陷阱＞

最近，國中、高中的學生對性的問題很公開，有人認爲是性混亂；有人認爲是性開放；在日本，已構成了嚴重的社會問題。關於「性」，是無法單從道德層面來談論的，因素極其複雜；這是文化，也是歷史的問題；由心理學上來看，社會上到處都佈滿着陷阱，所以才使得某些偶然相逢，毫無愛情的青年男女沖昏了頭，胡裏胡塗的發生性關係。

例如廸斯可、搖滾樂、飛車黨等不勝枚舉。年輕的一代在嘈雜的音樂、刺眼的燈光下狂扭亂舞；在歌手嘶聲吶喊的歌聲、瘋狂的演奏中尖聲怪叫；在死神的陰翳下風馳電擊、呼嘯而去。他們藉由種種方法發洩精力，但是却難以解消生理興奮，所以就隨隨便便的和偶然邂逅的陌生人發生了肉體關係。

根據美國心理學家的試驗，我這種假說「雖不中，亦不遠矣！」他做了以下的實驗：讓一個美女站在峽谷對岸；一個男人經由狹窄的吊橋步過深險的谿谷，另一個則行經堅固的水泥橋。結果經由他們對美女的反應發現：走窄橋的男人把膽戰心驚的生理興奮，轉換成性興奮，而急於找對象解消。換句話說，由恐怖、痛苦、歡喜等情緒所引起的生理興奮容易轉變爲性興奮而企圖發洩；至於對方是當時在場的異性，或是毫無愛情的陌生人都不考慮。

戰爭影片或描寫罪惡的影片中，在大戰或打架滋事之後，通常會穿挿柔情似水的鏡頭，這可能是爲了換換觀衆的口味，但若從心理法則來看，這也是相當合理的演出；而且也可能由此而滋長眞正的愛情。

46 喪失信心而自卑時，會以粗野的言談擧止來恢復心理平衡。

〰〰〰〰〰〰〰〰〰〰〰〰〰〰〰〰〰〰〰〰〈鹵莽的陷阱〉

每年夏天，我都應邀到聯考會場監考；經過數次體驗，有一個很有趣的發現。當考完之後一出教室就問：「那個問題你答得怎麽樣？」「題目太難了！」這種和其他考生大聲說笑問話的學生，每個考場都會出現一兩個；他們看來態度沉着，其實不然；許多缺乏信心的考生往往在考後做出故作從容的姿態。當然，不可否認，沉着應考的考生，考完後的態度比較鎭定。

考完後大聲喊叫的考生，其心理狀況究竟如何呢？這可以說是「喪失信心而自卑的人在無意識中想求得解脫」的心理作用。也就是想藉聲音及動作來解消心理緊張的方式。換言之，這是「考砸了」的學生想逃避痛苦現實的一種自然反應。心理學上認爲此是一種「攻擊」形態。

此處所謂「攻擊」並非「破壞對方」，而是「積極的向外自我表現」，多半源於欲求不滿的心理，其本人並不知道，是一種無意識的心理現象。

小孩子行爲突然變得粗魯，多半也是這種攻擊心理作祟使然。在學校裏目無尊長、欺負同學的孩子，多半家庭不美滿、親子關係有問題，所以他們才會在無意識中採取搗蛋的態度以求得心理平衡；了解癥結所在，對症下藥，問題就可迎刃而解了。

我自己本身也曾有過失去信心的經驗。當我無法寫稿時，就會以沉重的脚步在屋子裏大踱方步，顯得粗野不堪，事後自己也不禁啞然失笑，那時，我會設法放鬆精神、活動身體，等體力恢復後再繼續寫稿。

47 人往往以「某權威人物也曾做過某事」爲藉口，使自己不光明的行爲正當化。

〜〜〜〜〜〜〜〜〜〜〜〜〜〜〜〜〜〜〜〜〜〜〜〈正當化的陷阱〉

當商人要行賄公務員時往往告訴他：「沒關係的，你的上司也都收下了呢！」小公務員聽了心想：「既然如此，我還是拿了吧！」當他心中萌生此念時，早就以「我的上司也收了紅包」爲藉口而泯滅了良心。

由此可知，當人所作所爲違背良心時，會在無意識中設法使自己的行爲動機正當化，這就是心理學上所謂的「防衞機制」；是一種「爲了在不愉快的狀態中保護自己」所自然產生的心理作用。如前例，就是以藉口自我安慰、減輕內疚感的明證。

任何人幾乎都曾有過這種經驗。「大家都這樣，又不是只有我一個。」「男子漢大丈夫如果不這麽做……」用諸如此類的藉口掩飾不光明的行爲，這種例子在日常生活中俯拾皆是。「誰都這樣！」「我的老板也這麽做！」就成了使自己行爲正當化的最好藉口。

換句話說，每個人都有「與權威人物（地位高的人）的行動協調」的心理傾向。對自己愈缺乏信心，這種情況愈强烈。學校中經常發生全班同學欺負某學生的事，通常這種情形起因於班上「領導型」的孩子欺負該生，然後其他學生才以此藉口共同欺負他！「欺負人是不應該的行爲」，但因爲「班長都這麽做，當然我也可以做」這種心理泯滅了良心，助長了該事件的發展。

同理，我們可以善用此心理現象。如果想讓某人做某事，可以擧出對方認爲的「權威人物」也曾做過同樣的事爲藉口，他就會赴湯蹈火，在所不辭了；很多不由自主做出悖乎人情之事，就是由此而來。

48 人會在無意識中設法忘記一切與不愉快的記憶有關的事物。

〈記憶的陷阱〉

最近我讀過一本趣味性很高的心理小說「艾娃萊加的記憶」，描寫豪華客船中所發生的慘絕人寰的殺人事件。以一個少女的記憶爲中心，巧妙編織成的推理小說。

當年艾娃只是個十歲大的女孩，在客船上，她的母親慘遭殺害，而她很幸運的被救了出來；可是此後五十年間，她似乎完全忘記了當時的詳細情況，以致無法緝兇；本書高潮就在艾娃接受精神分析治療恢復記憶時。這種「遺忘」並非只是杜撰的小說中才會出現，現實生活中也不乏其例。當然大多不像艾娃那般嚴重，只是覺得「該記得的事記不起來，模模糊糊的，搞不清楚」。

一般而言，人類記憶的遺忘程序和「接受記憶時的印象強度」「該記憶的重要強度」有關。愈強烈、重要，愈不容易忘記，但是卻有許多恰如其反的情形發生；這是爲什麼呢？以艾娃爲例來做個分析。「回憶母親被殺」會讓她備感痛苦，並破壞了心理安定；所以她在無意識中讓自己忘記了這件原本會深烙心胸的記憶。這種遺忘迥異於自然遺忘，雖說「無意識」，却可認爲是「有意」的遺忘，心理學上稱之爲「積極遺忘」(ective forgetting)。

人們多半忘記了幼時的經驗。印象同等强烈和重要的事，人們往往只記得快樂而忘了悲哀，這也是基於「積極遺忘」的原則，因此恐怖的經驗、悲痛的事情等等打擊愈大的記憶，比普通記憶更容易遺忘。有一種精神病患，往往把戰場上的恐駭經驗忘得一乾二淨呢！

總而言之，假如對某種經驗感到痛苦就會發生此種「忘却」。例如：親見丈夫的風流事實，事後却想不出有這回事，因爲她如果記住這種痛苦，心理負荷就太沉重了。由此可見，「忘却記憶」有時也隱藏着不爲人所知的煩惱和痛苦。

49

情報愈深刻、愈曖昧，就愈容易被歪曲傳達。

～～～＜傳聞的陷阱＞

當發生火災、地震、戰爭、經濟不景氣時，處於困擾不安中的人羣之間就會散布着許多流言蜚語，而且也因爲這些毫無根據的傳聞而更加添了不安感。例如一九七四年時曾經有「衞生紙將會缺貨」的傳言，使許多人陷入恐慌狀態之中。此外還有一次，我和東京外語大學教授安培北夫在調查新潟地震災情時，也發現了許多誇大不實的流言；可見人們對這種深刻、曖昧，在平常狀況之下難以置信的情報，却信以爲眞了。

像這類傳聞、流言爲何散播力如此狂速呢？它們的性質如何？它們具有給予人深刻的印象，而且具曖昧意味，使人深感不滿或不安的性質。而且，情報愈深刻、曖昧，傳播力愈高，當然，內容也被歪曲了。因此，我們愈處於不安狀態，愈應該詳確查證情報的眞僞，免得受了不實謠傳的矇蔽；否則就會產生諸如一九三八年，美國人聽了有關火星人來襲之廣播劇後，傳言火星人確實會攻擊地球而引起大恐慌的悲劇。

美國心理學家奥爾柏和柏斯曼說：「事情的重要性和曖昧程度相乘就等於流言的力量。」他們又認爲：流言具有公共性，但沒有去迷惑別人的意圖；其公共性愈與自己生命有關，情報內容就愈容易被歪曲傳播；而且愈曖昧愈容易使人相信。

依照奥爾柏和柏斯曼的話，我們可以推斷「愈曖昧、愈深刻的情報，距離事實愈遠」，那麽，究竟應該如何分辨其眞實性呢？當我們聽到「房屋全部倒塌」「全部燒毁」等有「全部」的字眼時，往往是不眞實的事情，然而却容易信以爲眞；至於有「死亡」「受傷」等足以威脅生命的情報也必須注意。也就是說，聽取像地震、火災等曾危及生命安全的情報時，大家務必冷靜，這是預防流言散播的不二途徑。

50

人總是以自己的經驗及心理狀態來解釋意義不明的情報。

～～～～～～～～～～～～～～～～～～～～～～～～～～〈附予意義的陷阱〉

公共浴室入口處張貼了一則布告：「請在此脫掉。」由於意義沒有表達清楚，變得模稜兩可，竟當眞有人在入口處脫光了衣服；其實該則布告是「請在此脫鞋」的意思呀！

換句話說，人對意義不明的情報總會設法解釋，並附予意義。而他們乃根據自己的經驗和心理狀態來決定。譬如當我們觀賞由暢銷小說拍成電影的名片時，對於該片的主題究竟是什麼？往往答案全不相同；每個人都根據自己最痛切的欲求闡明電影的主題。

像這種把自己的欲求、感情等心靈深處的一切無意識的向外表露的現象就是「投影」。所以，只要看一個人對事物的看法及解釋如何，就可以洞悉其人的內心。例如，用以測驗性格的「羅沙測驗」就是利用此心理結構，以各種不定型的、左右對稱的圖形讓參加測驗的人看，然後視其對該圖形的解釋來探索對方自己從不曾發現的心靈之秘密。

占卜就是一種利用「人類對意義不明的情報會以自己的經驗和心理狀態來解釋」的心理而來的行爲。占卜之言可以做多方面的解釋。例如他說「你在人際關係上會失敗」，可以解釋成「與上司口角，憤而辭職」「與朋友吵嘴」……等等，而使你認爲對方眞的是「鐵嘴」。

51

人易於聽信無意中聽到的情報，並急於傳告他人。

〈傳聞的陷阱〉

每個地方都有一、兩個擱着正事不做，偏愛在各地聽別人說話的無聊人物。他們假若在雜貨店無意間聽得一項情報，就顯得神秘兮兮的，把這件事想辦法告訴別人，眞像是廣播電臺一般。但是平心而論，這種情報確實具有相當高的可信性和傳播力。

當然，情報是否可以相信，要看內容及傳播者而定，同時也會受到傳播方式的影響。日本有一個典型的例子：豐川信用金庫擠兌事件。那是因爲一羣高中女生在通學途中偶爾聽到有關豐川信用金庫的不利之言，而輾轉相傳所導致的混亂局面。

爲什麽人們容易聽信偶然竊聽的情報，並急於傳告他人呢？而對於直接傳來的情報却不然？因爲直接傳來的情報多半隱含着某種企圖或動機，可信度也要視傳播者和內容而定。有時雖然聽來言之成理，然而由於不明白對方意圖如何，所以都會提高警覺。至於無意中突然聽到的情報，由於其間並不含傳播者的企圖或動機在內，所以人們易於聽信。

無意間聽到的情報容易使人相信，理由卽在於此。「我聽說……」是一個隱藏傳播者動機的最好藉口，可以減輕傳播者的「責任感」，而且爲了使聽者覺得言之有理，有被加以渲染的可能。這一點可以引用某美國心理學家的調查報告來說明。有一個家庭主婦昨天還好端端的，今天竟然不見了；於是鄰居們相互探詢，議論紛紛；猜測的話一傳再傳，當傳到該主婦的耳中時，眞令人不敢置信：她竟然被謠傳成已經被殺身亡了。

直接情報可以追究傳播者的意圖、動機、內容是否正確；但是無意間聽來的情報並無特定的傳播者，無法追究責任。所以對於謠傳要多加注意，在未經確定之前，切勿再傳；「謠言止於智者」，希望大家謹記這句名言。

52

當對前途感到不安時，人很容易被捲入謠傳的漩渦中。

～～～～～～～～～～～～～～～～～～～～～～＜恐懼的陷阱＞

一九六九年五月，法國奧爾良城盛傳着婦女被惡人誘拐的可怕謠言，使全城陷入恐慌之中。傳說在該城一個猶太人開的百貨店裏發生此事。當年輕女郎到該百貨店購衣試穿時，就會被痲醉而送至海外賣掉。這種無稽之談使得少女、母親、老師羣起恐慌，驚駭萬分。後來，社會學家艾格爾・莫朗詳細調查了這個事件，並寫成「奧爾良的傳說」一書，爲此傳說做了一番分析。

他認爲，支配人心的背景有幾個因素，最根本的就是：現在雖然是一個情報化的社會，但是並沒有傳達有關整個社會的情報；因此，都市中的人由於彼此的漠然而感到不安。

前一節也提過，當人處於不安的狀態時，就想獲得情報以確認自己所處的地位；而且這種追求情報的欲求異常强烈；即使是不正確的謠傳也會深信不疑。一九六〇年，日本新潟地震時也曾發生這種現象，謠言全是經由渲染而擴大的。根據調查，輾轉相傳的這些人中有百分之五一是由陌生人聽到消息，但是大部分的人都相信這些話，只有百分之十五的人置之不信。

對於未來覺得迷茫，感到强烈不安而陷入恐怖狀態中的人，對於任何不合理的謠傳都會信以爲眞；這一點可以由日本關東大地震後所發生的「韓國人虐殺事件」來說明。參加此次虐殺事件的人，大部分都是善良的老百姓，能够使這些善良的人參與殺害無辜者的行動，可見謠言是何其令他們深信不疑。

所以，爲了消除謠言擴傳，最好由政府採取「正確傳播」的電臺廣播；經由適當的情報傳達，大部分的不安都可以消除殆盡。

53 人往往藉流行來回復部分信心。

〈流行的陷阱〉

自古以來，「流行」就是心理學（尤其是社會心理學）最普遍的研究主題。的確，仔細觀察流行與人的關係時，人的心理狀況會像浮雕般的顯現出來。

舉例而言，一九七九年夏天，富於熱帶風味的服裝、食物在年輕人之間頗爲盛行；他們身着南海風味的衣服到海灘去聽熱帶情調的音樂，品嚐南國的食物和飲料。

這種現象就是「流行」，與以前的流行呈現不同的性質。以前所謂流行，都是以巴黎、紐約爲中心，這是衆所周知的事；但是現在的流行中心却是加勒比海岸。先進國引進了加勒比族人的傳統色彩、衣服樣式及音樂旋律，這種流行完全推翻了過去的模式，成爲近幾年來頗引人注目的新流行模式。換言之，目前流行的趨向不是始於站在文明先端的人，而是由落後地區開始。

日本年輕的職業婦女，有一段時間以皇太子妃美智子的髮型、服裝爲流行模式，最近則不然。又如；原本走在流行最先端的銀座已經沒落，轉由新宿取代了。新宿是一個完全屬於平民的繁華區，和嬌情的銀座氣氛大不相同；流行的趨勢現在是由下而上了。

流行本身會隨着時代而產生很大的變化，但是追求流行者的心理始終不變。換言之，人如果對自己的想法或某件事缺乏信心時，就會注意服裝、髮型等外表的東西，藉此回復信心——這是人心之常；愈崇尙時髦的愈是這種人，這是可以斷言的。

54

人會無意識中模仿自己所尊敬人物的行動和嗜好。

〈模仿的陷阱〉

幾年前，我曾經訪問一位當業務經理的朋友。那時他的幾個職員正邊走邊聊，要去進餐。我突然發現一件奇妙的事：那些職員舉手投足之間，姿態神情都很相似。後來，我和他一起去吃飯，發現他走路的姿勢和那些職員酷似。這時我突然想起該公司董事長曾經說過的一句話：「本公司的業務以業務經理爲中心，營運情形很好。」由此可知，他在該部門深受屬下的尊敬、愛戴。所以，他們的神情、言談、行動，思考方式，甚至生活習慣，都會在不知不覺中去模仿他。

這種情形，心理學稱爲「同一化」現象。以該公司而言，可說職員與經理同化了。同化在集團中不一定是「指導者↓成員」的「垂直型」；「成員⇅成員」之間也會呈「水平型」同化，就像前述業務部職員之間彼此類似的情況。

此外，派閥領袖及其下屬、恩愛的夫妻之間彼此很相似，都是基於「同化」心理法則所產生的現象，而且團體意志愈強烈，這種現象愈顯著。第二次世界大戰時，納粹集團的首領希特勒能够以獨裁的行動支配數千萬人，也是基於這種心理法則的背景。

這種「同化」的心理法則並非只有存在成人之間，孩童之間更形强烈、頻繁。孩童模仿成人的言行擧止，並非有意識的行爲，而是無意識中去模仿的結果。「孩童是成人的一面鏡子」，這句話亦緣此而來，所以教育孩童時，成人本身的態度也很重要。

55

公開宣布自己欲行的目標，是促使自己達成目標的手段。

～～～～～～～～～～～～～～～～～～～～〈宣佈的陷阱〉

某公司董事長從第二次世界大戰之前就開始一連串的嘗試，最後終於奮鬪成功，製成了頗爲暢銷的商品，使公司業務大爲擴展。他把自己成功的秘訣寫成一本書，供職員們閱讀參考。書中有這麼一句話「公開宣佈自己欲行的目標」，自己何時要做某事，即使看起來有點吹噓也要對衆宣布。如此一來就不會打退堂鼓；不但要相信能够達成，也爲了不使別人認爲你在「吹噓」，你就會勉强而行之，逼迫自己不斷的努力，最後就會步上成功之路了。

爲了達成目標，這是最具神效的方法，尤其自己精神生活上的目標更是如此。人類是軟弱的，往往心中雖已決定如何去做，却會因爲退縮而「修正」自己原來的目標；而「公開宣佈」就是把「心中的意念告知大衆」，使自己無法再行修正；同時可以維持達成目標所需的警惕心。

心理學上認爲這種「宣布」和「確信不移的效果」不但是改變自己，也是改變別人的有效手段。某學者對此有個知名的實驗：老師從五個學生中任選其一，公開宣布他的成績一定會進步；同時老師也如是相信；不久，這位學生的成績果眞突飛猛進了。

此外還做了一個預測成績的實驗。老師指定幾個學生，說他們的成績會很優秀；結果眞的如此。這位學者把這種現象命名為 Pygmalion 效果。其名來自希臘神話中，愛上一個雕塑美女像之後，竟把她變成眞人的塞浦路斯王的名字。

如果是心懷惡意的人來公開宣布其人將如何改變，就會眞的一切行動都按照其意志而被操縱，此乃這種心理法則所具的危險性。

56

知之甚詳反倒阻礙達成直接目的。

～～～～～～～～～～～～～～～～～～～～～＜知之甚詳的陷阱＞

寓居異國的人，年紀愈小愈容易學會該國的語言，這是衆所周知的事；可能是小孩恰巧處於學習語言的時期，但無可否認的，他們羞恥心尚未孕育而成，對外國語言也一無所知，這兩方面也帶給他們很大的影響。反之，以外國語做爲專業的老師，到國外旅行時却往往無法琅琅上口呢！

俗云「初生之犢不畏虎」，人對自己知道不多的事反而能充分發揮力量，產生良好的效果；如果對周遭的環境或做爲對象的事物知之甚詳，心理學上就稱之爲「認知分化過度進展」，反而會阻礙目的之達成。例如：年輕時曾經發表清新絕佳作品的藝術家，在後來却僅有庸俗的作品問世。前年榮獲芥川小說獎而轟動一時的版畫家池田滿壽夫，就是因爲天賦甚高又身處文壇之外，沒有機會刻苦砥礪寫作，所以反倒能創造令人駭異的成績。

此外例如電視節目主持人在訪問某對象時，對該對象的資料也分爲兩種：一、完全沒有有關對方的預備知識；想以第一次見面時的新鮮感和觀衆打成一片。第二、搜集有關對方的一切著書、詳細資料，然後以此爲訪問主題。這兩種方式都是消除「不完整」的模糊知識，以便產生訪問樂趣的可行之法。因爲「認知的分化不完整」時，所具的知識也會阻礙目的之達成。

57

不爲人知的「隱私」被攪亂時，會破壞心靈的安定。

〜〜〜〜〜〜〜〜〜〜〜〜〜〜〜〜〜〜〜〜〜〜〈隱私的陷阱〉

偸看孩子放在抽屜內的信件、日記，是父母子女之間的糾紛之一。當孩子們不在家時，父母親檢查他們的房間，是最令子女感到厭惡的事，而且此擧只會徒增他們對父母的不信賴罷了。

孩子們在面臨現實中無法解決的困難時，會經由製造「避難所」來保持心理平衡，這種「避難所」就是日記、信件等多種。當「秘密場所」被侵犯時，就會破壞心靈的安定，繼而產生激烈的抗拒感，並以「反抗父母」的行爲表現出來。

「保有秘密」就是一種躱避行動，尤其在青年期會有很顯著的表現。但是爲了逃避現實的困難，求得心靈安定而擁有某些秘密並不是年輕人的專利。被捲進洛克斐勒賄賂案的日商岩井副董事長，就因爲牽連此案而暴露了他私人的秘密。在他的「避難所」中有塑膠吹氣玩具，還有童謠唱片。許多人對才華卓絕的企業家所做的這種表現覺得百思不解，有人嘲笑他幼稚，也有人爲企業家由於繁雜工作而積存下來的精神壓力覺得驚異；這個地方對他而言，可能是唯一能得到心理安慰的場所。

由此看來，爲求心靈安定而到「避難所」去，是每個人都具有的防衞機制；如果此秘密被破壞，就像心愛的寶物被刼一般，他會對刼奪其財物的人懷恨，藉之保持心理安定。

所以，卽使是父母親，也不容許去破壞子女的心理安定。爲人父母者應該考慮：子女的秘密是和不良行爲或犯罪有關？抑或只是一種保持心理安定的行爲？否則，偸看子女的秘密，只能說是父母親爲消除自己不安的手段而已。

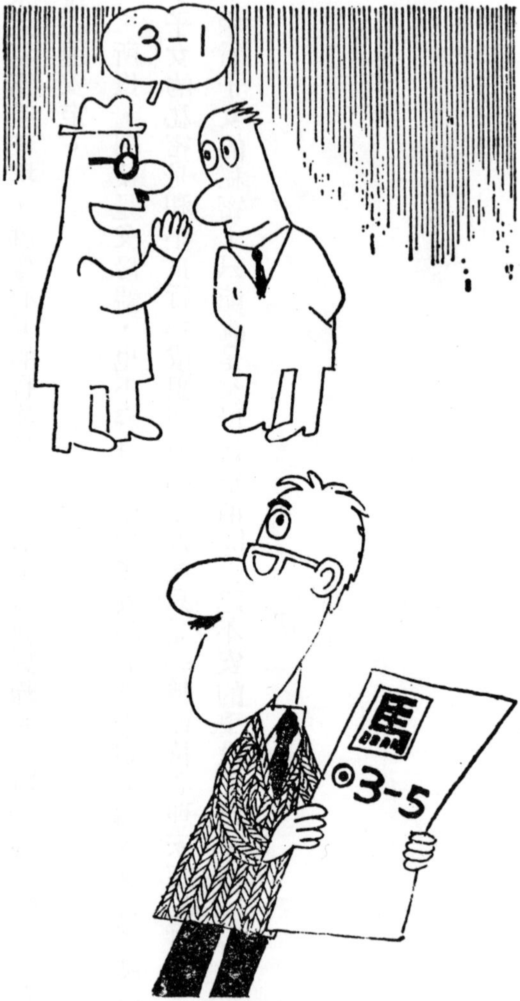

人比較容易相信無意中聽到的消息。

人會在不知不覺去模仿他所尊敬者的行爲．

58

遇到困難時，人會把意識集中於和解決此問題無關的方向，企圖逃避現實。

〈逃避現實的陷阱〉

「關於這個問題我所知有限；所以我拿我最在行的『自我規制和自卑感』這個題目來討論。」考試時，經常可以發現這種「答非所問」的試卷。某數學家在學生時代的一次考試中曾經寫道：「這種無聊的問題我不會解答。」然後就其所知，寫了長篇大論；想不到還頗受賞識而及格了。像這種「答非所問」的情形雖不乏驚人之語，但還是錯誤的答案。所以我通常還是不給分，但我有一位教授朋友卻會給他們「寫的工資」十分。

關於這種答案究竟給不給分，暫拋一邊不予置評；現在僅就心理學的立場來研究這種學生的態度。

其實他們並非爲了獲得分數而寫，而只是一種自我滿足感的表現，才把試卷塡寫得滿滿的。換言之，爲了避免面臨困難的狀況，他們把意識集中於與此無關的方向，以減輕面對問題的不安；這種情形在日常生活中不乏其例。

例如，在公司裏埋頭苦幹的職員，通常是爲了避免因子女教育問題、婆媳不和問題而把意識集中於職務上。面臨退休的公務員勠力工作，也多半因爲心中對退休之後的生活安排感到不安。此外，考試失敗或情場失意的人，熱衷於體能運動或趣味性的嗜好，也就是爲了逃避目前所面臨的痛苦或悲哀。

其他更單純的例子：極度緊張時晃動雙脚，做錯事被追究責任時會突然與人開玩笑或滔滔不絕；這也是一種逃避行動。

由一時的逃避以獲得代償的滿足，可說是一種「自我欺騙」，但如果這樣能使情緒鬆散，我們不妨積極培養這種欺騙的技巧。這是現今多煩惱、易得心病的現代人不可或缺的素養之一

59 人有時會以鬧彆扭、行爲乖戾及回復幼兒期行動來解消欲求不滿。

~~~~~~<鬧彆扭的陷阱>

孩子在有了弟妹無法獨占母愛時，就會以尿床或吮手指等幼兒性行爲來解消欲求不滿，這是衆所周知的事。此種行爲目的在於回復到能獨占母愛的幼兒期，想博取更多的親情，是一種無意識的反映。

這種「歲月倒流」回返幼兒期的現象，成人中也不乏其例。當然，並非是尿床、吮手指等行爲，而是以另一種「改變形態」的幼兒行動、想法來表現。舉例如下：最原始的幼兒性就是睡眠欲望。開會或上課時打瞌睡，有時並非因爲疲勞、無聊，也不一定是睡眠不足，而是一種「渴望重返嬰兒期」的表現。

第二種幼兒性是吃。食欲過强就是典型的例子；肥胖的人有不少幼兒性很强烈的人。

第三種幼兒性是無意識去模仿幼兒學話的特徵。例如說話口吃或喃喃自語。

第四種是與幼兒所表現的反抗管教同類的行動，如疏懶、雜亂。孩童以尿床抗
~~~~~~

議父母的管教，大人則以衣襪隨處亂丟、房間弄得亂七八糟來表示抗議。

第五種是一再發牢騷想博取同情，獲得父母的保護。成人是以鬧彆扭、行爲乖戾、耍脾氣等方式表示反抗和攻擊。

除此之外，尚有許多種。總之，幼兒性是一種撒嬌行爲；成人之所以採取這種撒嬌行動，可能是因爲有某種欲求不滿（例如愛的飢渴、別人待之冷言冷語、想要引人注目）的緣故。

60 接觸的次數多比接觸時間長更能和對方產生親密感。

〈親密的陷阱〉

假設你可以和某位女性接觸，時間限定一小時，且可自由支配使用；你該如何安排呢？簡而言之，假定有A、B兩位追求者，A在一小時之內和該女性約會四次，而B則一小時之內完全和她膩在一起；再假定A、B說服女性的技巧完全一樣，在這種狀況下，誰會獲勝呢？

在此先不論A的分散方法究竟如何分配時間。一般說來，A的分散法比B的集中法成功率高。通常，眞正的接觸時間及次數一樣時，把反覆間隔縮短、連續去做的集中法，成效的確不及拉開間隔，中間有一段休息時間的分散法。

這是因爲連續去做容易厭膩，而且感覺會遲鈍，同時也會失去每一次接觸的新鮮感。反之，分散法在每一個間隔都有適當的休息，所以每次的接觸都較有新鮮感。從這種厭膩、感覺遲鈍化、接觸的新鮮度之觀點來看，對象無論是人或物，所產生的結果應該完全一樣。換言之，無論是人或物，其親密程度是依接觸次數多寡而定。例如，原本不喜歡聽古典音樂的人，如果反覆聽一點時，會逐漸的喜歡；如果一開始就連續聽一、兩個小時，反倒會興味索然。

我有一位朋友是個科學家，他曾經提倡一種「以一百元說服女性」的方法。每天在同一時間以十塊錢打電話，打十次（十天）；如此一來，無論如何矜持的女孩，態度都會軟化；按照他的方法，並非以一百元一次打長時間的電話，而是以「分散方法」反覆來打，這是成功的秘訣所在。

刺激增加的幅度小時，當該刺激已增至很大時，也不會發現。

61

〈欺瞞的陷阱〉

「眼見爲眞」是最詳實的確定手段；但從另一方面看來，人的知覺、感覺、認知能力很不可靠，極易受其蒙蔽。例如，含有臭味的瓦斯，一次只漏出少量，當瀰漫整個房間時，整個房間內的人也渾然無覺；傍晚時間照相時，往往不會發現天色已逐漸暗淡下來了，而使照片感光不足。

這是因爲感覺的器官富有順應性而引起的現象。卽使最先施予的刺激很大，但再繼續施予就不會有感覺了。這可以在黑暗中開燈時眼睛覺得刺目、第一次戴手錶時皮膚的壓迫感消失得很迅速，此一事實來證明。

從剛才的例子可以得知，只有在最先的階段感覺到刺激的存在。如果一開始所給予的刺激異常小，根本不會覺察其刺激；假使再一滴一點，逐漸增加刺激量，感覺器官就會在不知不覺中產生順應性；結果就如剛才瓦斯外溢的例子一樣，卽使環境已經變化到超過安全範圍的狀態，也不會發現。

前面所言皆是針對人的感覺器官而言，如果從「順應力大小」這一點來看，人的心理及判斷能力也有這種現象。例如，公共費用漲價的問題。假定要漲一百元，但却從五元、十元的小數目漲起，消費者就不會產生很大的抗拒感了。

人每日的生活就是在微細的環境變化中去順應。人的歷史就是此種變化和順應的總和。第二次世界大戰後迄今已卅餘年，其間有頗爲顯著的變化。但是戰後生存迄今的人却沒有感覺出來；除非是像從叢林裏走出的李光輝，才會產生瞬息萬變的感覺。就是當今物質文明過度發達，使世界將要步上破滅之途的時候，人類也還未感覺出其危險性，這眞是人性的悲哀。

62 人在被逼入絕境時，無論精神、肉體都會發揮超乎尋常的能力。

〜〜〜〜〜〜〜〜〜〜〜〜〜〜〜〜〜〜〈逼迫的陷阱〉

某新進作家曾經說：「當我陷入低潮無法提筆時，或是事情不順遂而提不起幹勁時，我就設法把自己逼入絕境。」這句話怎麽說呢？就是縱情玩樂，直到交稿期限逼近時才不得不戮力以赴。這樣反倒比每天這樣做也不是，那樣辦也不好的情況更能集中心志、產生創意。而且當工作完成時，自己也會驚訝於這股不知從何而來的力量。

可能你也曾有過一兩次類似的經驗吧？我自己不用去製造這種被逼入絕境般的狀況，因爲我本身經常就處於此種時刻。當我克服這種狀況時，就會感到異乎尋常的嚴重疲勞；由此可見，當時我曾使出平常所沒有的力量。

無論是誰，當被逼得走投無路時，就會發揮異乎尋常的能力。這種耐力、集中力、直覺力等精神力量或如發生火災時所發生的肉體力量都是一樣。也就是當人被逼到極限時（生死攸關的境遇時），會發揮科學所無法解釋的超能力；這也許是意志力或精神感應的力量。

只要了解人具有這種力量，那麽卽使在被逼入絕境的狀態時，也就不會自暴自棄，而能將困難一一克服了。

63 在團體中，每個人都想使其判斷接近團體的基準。

〜〜〜〜〜〜〜〜〜〜〜〜〜〜〜〜〜〜〜〜〜〜〜〜〈一致的陷阱〉

無論學校、機關、公司等都各有特色和風氣。我有一個學生在都市銀行任職；我對這位學生頗爲了解，暗自擔心他不會是成功的銀行員；可是經過數年後，在一次同學會中我見到了判若兩人的他；當時我不禁爲之愕然。此時，他的容貌、氣質、想法等都完全符合一個銀行員的要求，變得堅實而細心。據他說，他甫進行時，還是一副學生時代的樣子，對銀行內部一無所知，只曉得埋頭苦幹；一年之後，他發覺自己的生活方式和工作場所簡直格格不入；但是再過一段時間之後，那種隔閡早在不知不覺中消失殆盡了，終於，他能夠和周圍的環境打成一片。

「風氣」是一種抽象意味的東西。但是它確實具有能改變個人想法、價值觀念的力量。人在團體中時，的確具有「自動前去接近該團體價值基準」的心理傾向。即使你在下意識中想要抗拒，但是它却有辦法使之在不知不覺中消失無形。除非是頑固分子，否則大部分的人都會屈服於這股力量之下；這股力量所儲存起來的就是所謂「風氣」或「團體個性」。

學校中有一種喜歡逃學的學生。他們因爲「學校是不能不去的」這種社會價值基準和「我討厭上學」這種個人價值觀所形成的隔閡難以消除，所以影響及精神、生理，卽使捱打捱駡也不願意上學。假使能使價值基準取得協調，這種事也就不會發生了。換言之，步調一致是在無意識中發生的，具有在無意識中去做的心理傾向。

64

處於高密度群衆中的人，責任感稀薄而容易被暗示做出盲從附和的行動。

〜〜〜〜〜〜〜〜〜〜〜〜〜〜〜〜〜〜〜〜〜〜〜〜〈盲從附和的陷阱〉

稍早之前，日本埼玉縣國鐵上尾火車站曾發生火車誤點，觸怒了乘客的事件。他們羣起擁入站長室，毆打職員並縱火。參加這次騷動的多半是一般的薪水階級，平常根本不曾涉及此類的粗野行動。如果當時在上尾火車站候車的人數不多，或許就不會發生這次事件了；就是由於人潮洶湧，才使得個人失去冷靜的判斷力而掉入盲從附和的陷阱。

有一句俗語「人羣中的孤獨」，意味着周遭的人與自己都毫不相干，所以當走進人羣中時會覺得心神安定。對人際關係感到壓力的人會覺得，在人羣中比獨處一室時更有解脫感。換言之，人在人羣中會變成「無名的存在」。

羣衆中，如果有共同關心之事或共同目的，使一體感加强時，每個人的自我意識就會失去，而溶化於所謂的「大我」之中。換言之，個人的責任感、主體性在這種狀況下會變得淡薄，理性判斷力也會減弱。

即使不至於到此地步，一旦在羣衆裏，大家總有一種「要做與大家相同的事，才不會引人注目」的想法；即使是犯罪行爲，會被追究刑責的只是領導人或煽動者；其他成員刑責較輕，甚至可以免罪，所以極易採取盲從附和的行動。

這類羣衆具有一種特徵——接受暗示性很高，稍微有些風吹草動，就會朝那個方向行動，最具代表性，也最震撼人心的例子是一九七九年初所發生的人民寺院事件（集體自殺事件），信徒們在擁有同樣信仰的團體中，竟然變得彷彿小孩一般，接受教主約翰的指令，而發生了驚世駭俗的淒慘集體自殺事件。

65

專制的集團領導人，其屬下的連帶意識較淡薄，彼此的敵意也會加深。

～～～～～～～～～～～～～～～～～～〈領導人的陷阱〉

屬於家庭、學校、公司等各集團的每一分子，不管喜不喜歡，都希望和集團內的人相處融洽；如果性格及對事物的想法不同時，就會萌生好惡之感而不和睦。集團內的人際關係不一定是由其間成員的感情、性格而產生；領導者也會影響集團裏的人際關係。

我們可以把領導者大致分爲獨裁、民主、放任三種類型。獨裁型是「集團裏的一切方針都由領導者決定」、民主型是「各組織分子自由討論、領導者只是主持人」、放任型是「充分發揮組織裏各份子的自由，領導者盡量不去執行領導權。」

那麽，由此三種不同的類型會產生何種人際關係呢？獨裁型者，組織分子的連帶意識會降低，並且彼此增加敵意和攻擊；民主型者，組織分子的心理關係會加深，可提高集團的結合力；放任型者，別人之事似乎與他無關。基於不同的目的，此三種類型皆各有利弊。例如：某件事需在短期之間完成時，獨裁型最具神效；從事藝術性的工作，放任型最佳；最重要的是要看集團本身，究竟是爲了達成目的？或是重視人際關係？如是重視人際關係，在家庭裏以民主型的家長能使氣氛更爲詳和。

以婆媳糾紛爲例。旣是丈夫又是兒子的男人，往往由於不能坦護任何一方而拿不定主意。以獨裁型的人之家庭較有這種對立現象。所以身爲家庭、學校、公司之領導者的父親、老師、上司要多加考慮做爲一個領導者的態度，以及組織分子之人際關係，多爲組織分子的利益着想最爲要緊。

66

對於自己不利的結論，如果是本身參加決定，就不會覺得不滿。

～～～～～～～～～～～～～～～～～～〈參與的陷阱〉

本文之始先舉一例說明。某兩個家庭正在計畫要出外旅行。一個家庭由其父親決定要去陽明山（獨裁型），另一個家庭由家人共同決定去陽明山（民主型）；請問，那個家庭能眞正品嚐旅遊的樂趣？

後者較感快樂，這是自不待言的。前者的情況如下：沿途，孩子們嘟噥着：「我們本來想去石門水庫。」母親也悶悶不樂，因爲她實在很想到金山海濱去游泳；於是全家顯露一副不悅的神情，悵悵然的看着窗外的景色發呆。後者呢？由於經過民主式的討論、協調，孩子們和母親都已不再計較究竟去那裏玩，大家都興高采烈的談着到陽明山賞花的事情。

爲什麽會產生如此的差異？主因在於決定的方法。每個人都具有「自我現實」的欲求；父親單方面的決定，阻礙了家庭成員自我實現的欲求；因此他們深感不滿。至於另一個家庭的決定，各家庭成員已提過意見，有了某種程度的滿足感，所以即使結果於己不利，也不會覺得不滿。

許多公司的上司認爲：「開會實在很浪費時間，不如讓他們在這段時間多學點東西。」但我認爲，即使開會只是一種形式也必須執行，因爲職員在發表意見時，已解消了若干程度的欲求不滿，自然就能提高工作效率。由此可見，一個作業集團的工作效率，非由工作內容而是由決定形式來左右。參加世界奧林匹克運動會，對一個國家來說意義重大，但更重要的是要採取何種方式才能使與賽人員對政府的決定不會感到不滿。

67

人在不安的狀態下最需要朋友。

〜〜〜〜〜〜〜〜〜〜〜〜〜〜〜〜〜〜〜〜〜〜〈朋友的陷阱〉

美國某心理學家曾經就「人爲什麽會找尋朋友」，做了一個有趣的實驗。他把女學生分成兩組，各由身着白衣的醫學博士告訴她們，將做一個電擊的心理實驗。他對其中一組說：「我要製造一些可怕的聲音，並給予妳們很痛苦的刺激，但不會傷害到妳們的皮膚。」又對另一組以親柔的聲音說道：「打擊率很輕微，不會有什麽不快感。」換言之，讓前組處於强烈的不安狀態之中；後組只給予較微的不安感。

當他對她們說過這些話後，請她們先到另一個房間等候實驗，並徵詢其意見，是要單獨等？還是和其他人同處一室？結果願意一起等候的以前組佔大多數。由此可見，具有强烈不安感的人，追求朋友的傾向較强。

當然，這也並非否定某些人是因「具有共同目的、意味相投」才交朋友的，這一點必須說明。

爲什麽人在不安的心理狀態中會去追求朋友呢？社會心理學家威斯汀格曾經做

一個假說：人把別人的信念、言行與自己做一番比較，藉以得到行動的指針，這就是交朋友的動機。

某些在補習班結交的朋友，一旦考上大學就彼此逐漸疏遠；這也許是上了大學，因環境改變而有許多機會交新朋友的關係；但也可說明：由於要參加聯考的不安感而交的朋友，在不安感消失時也就失去了原本交朋友的目的，這可能亦是因素之一。

68

當自己所屬的集團受到外力壓迫時，會在維持集團的共同目的之下加強團結。

〜〜〜〜〜〜〜〜〜〜〜〜〜〜〜〜〈團結的陷阱〉

組織是人的集合體，因此難免會有個人的意識及價值觀的差異。但是通常這種被稱爲「組織」的團體，對外在的壓力反應很強，對內則很弱。我們知道，雖然整個組織站在共同的目的上，但這是整體，也是長期的；構成組織的每一個人並不是在日常生活中有此意識（共同目的），因此，支撐組織的共同目的就慢慢淡薄而缺少整體性了；如果此時組織內部發生內部鬪爭，此組織就會分裂而甚至消滅。企業體或學校中定期性的人事異動，就是爲了注入新鮮的空氣，避免腐敗和停滯；因爲人長期處在缺乏變化的固定環境時，會產生懶於思考的心理傾向。如此才不至於消耗多餘的精力，當然各成員之間也就談不上團結了。

但是，組織一旦遭受外部壓力，卻會產生全然不同的反應，每個人都盡力發揮超乎尋常的能力，並且更形團結。美國威廉藍柏曾經做過如下的實驗。

把學生分成猶太教徒和基督教徒二大類，對每個人施以耐力實驗，看他們能忍受多少痛苦。他用一種類似量血壓用的綳帶進行實驗，此綳帶縫有尖尖硬硬的橡皮。實驗過後，他分別告訴他們：「你們的耐力不及基督徒。」「你們的耐力及不上猶太教徒。」然後再次實驗，結果發現雙方的耐力都增强了許多。

「普通的個人」以及「做爲基督徒或猶太敎徒一分子」的「團體意識」，使能力之發揮產生明顯的差異。這可能是想維護自己所隷屬團體之榮譽的心理所產生的結果；如對集團施以壓力，每個人都會在無意識中精誠團結，發揮超乎尋常的能力。

69 目標受挫，會使人中途產生重新做起、以期避免失敗的心理。

〈重新做起的陷阱〉

最近，日本有一些大學畢業生賦閒在家，不肯就業；或是故意留級，不想畢業。爲什麽會發生這種情形呢？其時代背景如下：現在已經結束了高度成長的時代，不必過於認眞工作都能享受一般的生活水準；因此，戮力以赴，使自己成爲領導階層的欲望，已不像往昔般强烈。

由心理學上來看，這是許多人共同具有的心理傾向。嘗試某事如果不太順遂，會在心中產生不滿，而把過去所做所爲一筆勾消，希望重新做起；我想每個人都曾有過這種經驗。

何況，有過一次失敗，就會患得患失，認爲將來一定也會失敗。「重新做起」的傾向較强者，會一再預測卽將來臨的失敗、悲劇性的下場，而不斷重新做起。假如是檢討失敗的原因，或從失敗中獲取教訓、經驗，另外硏究可行之法還無所謂；如果只是一味害怕面臨失敗的打擊，一再墨守成規的重新做起，問題根本無法解決，而且到最後還是會慘遭失敗。

前面所說的那些不願就業的大學畢業生，就是因爲怕失敗，沒有成功的保證而不願畢業或就業，以逃避來暫時排除不安感，使心情獲得寧靜。這一類型的人往往自認爲無所欲求，其實不然，他們只是無意識的想在人生過程中逃避所能預測的危險罷了。

70 人一旦佔優勢，反倒會讓步。

〜〜〜〜〜〜〜〜〜〜〜〜〜〜〜〜〜〜〜〜〈讓步的陷阱〉

在錯綜複雜的利害關係中，要進行一件事情時，必須有適當的讓步。這種讓步往往來自無法以利害或損益計算的心理作用。外表看來令人百思莫解，覺得不甚合理的讓步；若從其心理條件看來，却頗合乎邏輯。

我們不妨舉個例子來說明。NHK電視臺曾經連續搜集兩個小孩四年間的生活記錄。A小孩和B小孩在玩玩具，A小孩拿了一部汽車，B小孩身旁也有，但是他就是要定A小孩那一部；於是經過一番爭吵，B小孩贏了，然而一臉得意之情的他却又把爭奪來的玩具還給了A小孩。

小孩的天地中經常有這種打打和和、和和打打與讓步的現象；但是成人世界中也不乏其例。例如：經過一番白熱化的爭論，使對方甘拜下風的勝方，却不一定非要敗方聽他的，反而說：「只要你了解就行了。」而去接納敗方的主張。

我們可以說，「讓步」的心理構造是「征服慾」，不一定和「獲利慾」一致；

換言之，征服對方之後，就不會計較自己應該獲得的利益；這是一種「重名甚於重利」的表現。

反之，也有一種「重利甚於重名」的人，他們會利用人類這種心理法則，使對方表面上獲勝，而實際却由他們本身獲得利益。

71 如果意識到正受人注意，工作效率就會大起變化。

～～～～～～～～～～～～～～～～～～～～～＜注意的陷阱＞

也許各位都曾有過這種經驗：當有人在注意着你時，反倒無法發揮實力；例如站在衆人之前心慌意亂，歌唱不好，話也不知怎麽說，就是這種現象。當然，其間有生理及心理上的原因。心理學上所說的「觀賞效果」，就是「當別人注意你時，作業的質量和速度都會不受影響」。

假如作業內容屬於知性方面的課題或需要頗爲複雜的手續；作業的質就會降低。例如說話是一種理論的組合，具有知性內容，所以大部分的人在羣衆面前說話會覺得緊張、怯場。少部分臺風甚佳的演唱者，都是經過無數次之經驗，逐漸習慣於大場面的結果，絕不可能有人一開始在衆人面前演講就能泰然自若。

「受人注意」，也有多種不同的情況。有的只是身旁有人，有的則是眞的在注意觀察，還有的是給你鼓勵或諷刺。由於以上種種情況，觀賞效果也就各不相同；譬如站在大庭廣衆面前說話，和朋友閒話家常當然不同。奧運會時，日本選手的實力往往減低，原因在於周圍全是異國陌生人。——如果是日本人，影響就不至於如此深了。可見觀賞效果也是要看當時的條件及當事人的性格而定。但是，會受影響使實力減低，却是無可否認的事實。

但是另有一種相反的情況，也就是反倒會發揮超乎尋常的實力。例如，職業棒球太平洋隊就是；當球季或明星球隊選拔賽時，觀衆大爆滿；他們乃發揮了令人難以置信的超水準之實力，這也是觀賞效果的一種。

<本章總結>——如何避免掉入行動陷阱？——

1 廸斯可、搖滾樂等刺激，易引起性興奮。
2 體會強烈的恐懼感時，會使性的欲求亢奮。
3 對考試結果沒信心的人，會在考試後喧嚷。
4 「他那麽有地位，也這麽做」，人會以此爲藉口而收受賄賂。
5 災害及經濟危機等，愈與生命有關的情報，愈會被以歪曲的形態傳播。
6 認爲占卜準確，是因爲人把模稜兩可的情報，以自己的經驗及心理狀況做有利的解釋之故。
7 人比較容易相信有關「損益」的情報，並擴大渲染。
8 卽使是無稽之談，但如果符合自己心理不安的原因，就會去相信那些謠傳。
9 愈是對自己的想法缺乏信心，愈會無條件的去模仿社會上的流行風尚。
10 夫妻很少在婚前性格相似，多半是長年相處的結果。
11 卽使自認不可能做到，但如在他人面前宣佈要去「做」，就能做得很好。

12學習語言，沒有預備知識反而學習得更迅速。

13外行人才會有推翻常識的念頭。

14人一旦被揭開秘密，就無法保持心理安定。

15全神貫注於工作的人，多半家庭中存有痲煩的問題。

16不是睡眠不足却經常打瞌睡，是欲求不滿的表現。

17連續講卅分鐘的電話，不如分散時間，一次只講三分鐘的效果來得大。

18緩慢變化的事物，會使人的注意力顯得很遲鈍。

19以小幅度的方式使物價上漲至大幅度，使人不易產生抗拒感，而能適應新物價。

20無精打彩，不想工作時，不妨故意逼迫自己陷入進退兩難之境，就會產生幹勁。

21風氣似乎是一種不具體的抽象名詞，但在不知不覺中却會改變人的價值觀和對事物的看法。

22公司內的人際關係可受到領導者性格的影響。

23參與決定，卽使只是形式，却能使人對其決定不起反感。

24當有共同敵人出現時，人就不會計較彼此之間的對立情形。

25由於害怕失敗而一再重新做起，最後一定無法達成目標。

26人爲了滿足榮譽感，往往願意讓對方佔便宜。

27具有知性的作業，如受人注目，能力往往會降低。

28體能方面的活動受人注目時，會使選手產生鬪志。

第五章

意志上的陷阱

——為何提不起幹勁?——

72

自己的主張被全面接受後，反倒會拋棄自己的主張。

〈贊同的陷阱〉

說服技巧純熟精湛的推銷員都這麼說：「對商品提出反對意見的客戶比置之不理的客戶容易說服；至少，發表理由的客戶比較有讓人掌握其心理的機會。此時，先全盤接受客戶的說法，情勢就會有極大的轉變。」

也就是說，先細心聆聽客戶所說的任何理由，並全部予以同意，然後告訴他：「你的話很有道理；但是，從另一方面來看的話……」以此來提示客戶。

這種方法的確掌握了人心的微妙，事實上，心理學者早就將這種原理用諸於心理治療方面，這是一種非指示性的方法，不給對方任何具體的提示，對對方所說的話，不管合不合理，道不道德，全部予以承認。

如此一來，對方就會覺得受到尊重、敬愛；心理就會開朗，無形中，不安、不滿、警戒心等等的壓力都減輕了，也就肯平心靜氣聽別人的意見。如此一來，他自己原本堅持的主張是否被接受，已不重要了。何況對其反抗的原因來說，他的主張只不過是一種心理抗拒的藉口罷了，當然會隨着抗拒感而趨於無形。

由此可知，他們的主張一旦受人承認時，最後反倒會摒棄己見去屈就對方。說服手腕高強的，往往懂得做個「忠實的聽衆」，先從傾聽對方、接納對方開始；這也是人心奧妙的結構之一。

73

對於一無選擇餘地的單方向說服，人能同意其內容，卻無法免除抗拒心理。

——〈强迫的陷阱〉

一九七九年，出乎意料之外，日本總選擧中自民黨竟然慘遭敗北。當時爲了追究失敗的原因，黨內曾經大起紛爭，相信各位對這件事記憶猶新。最後確曾做過敗因分析，但我認爲這和宣布政策的「方法」有關。

根據報導，許多政治學者、政論家都把選擧的失敗歸諸於增稅政策、政治腐敗；但對政治是門外漢的我，却大不以爲然。我認然「選擧是各政黨把自己的政策及政治知識示之選民，而由選民判斷該選誰的手段」，所以是否被接受，端看政策內容及宣佈方法而定，當時自民黨的大平總裁說：「爲了重建財政，『只有』增稅一途。」「爲了政治安定，『只有』自民黨超過半數……」這種武斷的說法，使我覺得聽了很刺耳。

說服能否成功，端看是否給予「接受人」有選擇的餘地。「只有……」是一種强迫性的說法，縮小了選擇的幅度，卽使接受的人能了解其內容，也會產生抗拒心理；所以我認爲問題在於宣佈方法欠佳。

這種抗拒心理一旦增大，就會形成反對行動；因此，自民黨失敗並非只是單純的政治問題，也是人的心理現象使然——這是我個人的分析。但就美國輿論調查機構所做的調查發現：某政黨所揭櫫的標語如不做任何解釋，反倒會贏得選民的支持；但如果附加「這是『應該』支持的政策」，支持率反而會大幅度下降，並轉而支持反對黨。

我們知道，說服目的是爲了讓對方接受自己的行動和想法。如果用「應該……」「只有……」這種帶有强迫意味的詞句，只會引起對方的反感而已；深諳說服技巧的人都曉得應該裹以糖衣，才能達到效果。

74 人對達成目標的意願，不受目標高低的影響，而被給予目標的方法所左右。

〈目標的陷阱〉

一位馬拉松賽跑的老牌選手告訴我：「跑完四二・一九五公里的長距離，是很艱苦的事。爲了緩和心理的痛苦，我通常在事先看看全程情形；譬如跑到某大樓、某座橋時有幾公里？然後自己先把全程分成幾個終點；當跑完一個終點時，心情就輕鬆一些；我就是以這種方法跑完全程，並締造了新記錄。」

這是爲了達成目標的一種相當有效的方法。通常，人並非按目標高低去衡量，而是由給予目標的方法如何而在心理上產生遠近感；以上馬拉松選手所採用的，就是「使遙遠的目標顯得很近」的心理技巧。換言之，目標雖遙遠，却因給予較近的目標而能緩和心理上的壓力。

像這樣，當痛苦緩和時，就會產生務必達成目標的意志和幹勁，使此目標顯得愈來愈近。簡言之，要鼓勵部下，使之產生幹勁，如果只給予最終目標，往往難以達成；必須縮短達成目標的「心理距離」，使之認爲「可能達成」，才能產生幹勁。

這位馬拉松選手還說，當他情況不順利時，他會忘了自己所設定之短程目標，而只記得最後終點；如此跑起來就倍覺艱苦了！以我本身爲例；當我打算閱讀一本鉅著時，一定先訂定「何時看完？」的最終目標，但也規定「一天看幾頁？」，使自己不會喪失讀書的興趣，如果偶逢意外，發現無法順利閱讀一個段落時，心情就會焦燥不安，直惦記着最終目標，反倒失去看書的興趣了，這就像登山一樣，把山分成幾個段落，每征服一個段落，就愈靠近最終目標，這也是人之所以能登上最高峯的原因。

75

人是否遵從命令，並非限於命令內容，而要視下達命令的形式如何而定。

〈命令的陷阱〉

我覺得日本警察機關所擬的一些方針，很難獲得轄區百姓的合作。爲什麽？從明治以來，警察予人的印象就極爲惡劣，說話的口氣不是「你必須……」就是「你不應該……」，直到最近仍然如此，一副命令或取締的口吻；雖然這是迫於職責，但起碼宣傳海報上却可以改善語氣。

同一道命令，由於表達方式不同，會使接受者的印象迥異；如果不諳此種心理，不唯警察，連教師、父母、公司負責人都會亂下不合理的命令。對方是否接受命令，不是看命令的內容，而是看下達命令的形式。假使以直接表現的「命令型」傳達，就會形成單方向的傳達，可以說根本不徵求對方是否贊同，或產生共鳴，只是一種單方面的通告而已；所以被命令者的自動自發之行動，就會被封閉了。

我們應該把「命令型」轉爲文法上所謂的「祈使句型」；也就是把「你應該……」改成「你是否能……」「希望你能够……」；把單向傳播轉爲雙向傳播，命令較易於被人接受。

關於這種形式的變化，如果讓廣告宣傳專家來說，方式更是琳瑯滿目。以製造一張催促國民繳稅的海報爲例，「某月某日前必須申報」語氣顯得很硬；「請在某月某日前申報」「勞駕你在某月某日前申報」這種說法就顯得親切多了，而且由於沒有官僚氣息，較易被人接受。

76

人很容易為他人貼上標籤，並以此認定其人的全部。

～～～～～～～～～～～～～～～～～～～～＜武斷的陷阱＞

某些高級酒吧中曾經發生把廉價酒裝在高級瓶內矇騙顧客的情事，可是顧客全然未察，仍然喝得興高采烈。當然，酒味難辨也是原因之一，但是，高級酒的「標籤」和高級酒吧的「招牌」才是造成使人誤認為好酒的最大原因。

換言之，品嚐不出酒味的眞僞，是受了標籤的影響。日常生活中，我們也經常發生諸如此類的事情，我們聽、看事情的知覺並不很正確，要確定對該物的印象，通常需借助外來的力量。

像這種由標籤以加强人對事物印象的情形，心理學上稱為「標籤效果」，此種標籤效果，尤其在要評價某人時會更形强烈的表現出來。

以「某教師毆打學生」的新聞報導為例，我們極可能由此報導而認定該教師是個粗暴、不講道理的人；其實他平常對學生也是愛護備至，這次之所以打學生，乃是基於不得已的理由，可是看過這則新聞報導的人却不以為然，這就是標籤效果使然。

其實，每個人原本就具有各種性格，前例中那位老師，只因爲其暴力的一面被强調，而成爲他的「標籤」，帶給人過於强烈的印象，所以才會導致判斷發生錯誤。又如。第二次大戰前，如果稍微有反戰意識或言論，就會被視爲「漢奸」，這也是標籤效果的典型例子之一；由此可見，人是多麽容易爲他人貼上「標籤」，並以此代表其人的全部。

77

無意識的行爲如被意識化，就無法順利進行。

～～～～～～～～～～～～～～～～～～～～～～～～＜習慣的陷阱＞

我本來對打高爾夫球不感興趣，但最近基於健康的理由也打起高爾夫球來了。玩起來興味十足，然而有一件事令我頗爲頭疼：當我打球時，總是有人對我品頭論足，指指點點，說我揮桿的方法不對，脚的姿勢欠佳等等；或許他們全然出於好意，但是我却因爲自己原本無意識的行爲（揮桿方法和脚的姿勢）被人注意，而變得神經緊張，球技反而大爲退步。

爲什麽會如此呢？因爲我們的日常行爲由於每天反覆行之而被習慣化，一旦這種無意識的行爲被意識化，腦筋裏就會充滿這些念頭，使日常生活過得很不順利。以多足的蜈蚣爲例，如果牠原本無意識用脚的爬行，被人注意到而意識化，牠的脚可能會像被綁住了一般，動彈不得。

反之，固定的習慣也可由意識化來改變。想矯正壞習慣，只消使其「壞習慣」意識化就容易達成了。心理學上把這種治療方式稱爲「厭惡療法」：當病人在無意識中做出一些壞習慣時，就給予輕微的電擊或其他不愉快的刺激，使之意識化，如此就可以改正其不良習慣。

例如：爛醉如泥被拘留在警察局過夜的醉漢，翌晨酒醒時讓他看看昨夜醜態畢露的相片，也是一種厭惡療法。當然，使無意識的行爲意識化，不一定要借助他人；例如，想改正自已的壞習慣，反倒故意去做，久而久之，你就會產生厭惡感而不再犯了。

78

心理上的警戒防線一旦被侵入，警戒心反倒會減弱。

～～～～～～～～～～～～～～～～～～～～～～＜警戒心的陷阱＞

當朋友開口向你借一百元時，可能你不會拒絕；如果要一萬元，可能你就會考慮了。那時你會想到：「萬一他不還錢，怎麽辦？」「借他好呢？還是不借好？」基於此種心理，有人會故意先向你借十元、百元，使你鬆弛警戒心，然後逐漸的增爲千元、萬元。

「讓一步等於讓一百步」，因此，如果被對方侵入警戒防線，警戒心反而在無意識中減弱了。詐欺慣犯就是利用這種心理趨向，使善良的人上當。他先從小小的要求開始，先借一小筆錢，而且一定在期限之內還清，然後再借稍微多一點，也是有借有還，如此以鬆弛對方的警戒心，到最後，他就獅子大開口，借了一大筆，那時對方會在完全無警戒心的狀況下把錢借給他；而且讀者必定知道，這筆錢是絕對要不回來了。

此外，推銷員所使用的手法也一樣。他首先設法使對方開門——這麽做，等於已經鬆開了對方的警戒心，也等於成功了一半；很多人會在這種情況下，買了原本不想添置的商品。「蟻窩也會使堤防崩塌」，正是此種心理的寫照。由此可見，人的警戒心一旦被侵入，就會變得很脆弱，所以絕不可掉以輕心。

人原本不願服從的命令，也會因命令形式和緩而接受。

人的警戒心一旦被侵，就會變得很脆弱。

79

遲到或犯錯，是對工作缺乏幹勁的表現。

〈犯錯的陷阱〉

有一種人生性疏懶，上班經常遲到或犯錯。但是，從心理學上來看，生性疏懶並非遲到或犯錯的主因；換言之，對工作缺乏幹勁才是最主要的因素。

佛洛伊德曾經對健忘、說錯話、做錯事……這種日常生活中經常犯的錯誤，舉出不少實例說明其原因。例如：對丈夫深感不滿的妻子會丟棄結婚戒指；往往是「想離婚」之潛在欲求在心理萌芽的緣故。換言之，佛洛伊德認爲人犯錯，是因無意識的潛在欲求引起的。

前例中，職員之所以遲到、犯錯，也是源於「不想在那個公司服務」的潛在欲求。

我有一個「每逢考試必定遲到」的學生，想必在他心理，眞有「不願接受考試」的潛在欲求吧？我還認識一個適婚年齡的女性，她在每次相親時都會把茶潑翻；這也是因爲在她潛意識中藏有「不願結婚」的念頭。

當然，某些小錯誤確實是因單純的理由而發生的；但追究其原因，其心理多半還是有「潛在欲求」在作祟；尤其對於自己不想去做卻不得不做的事，更是如此。

小錯誤還無傷大雅，如果因「不願去做」的潛在欲求增大、升高、而釀造成大錯誤，那就糟糕了。例如：開車失誤或漏記了文件上不容疏忽的事項，往往會造成無法升遷或危及生命的問題。所以務必記住：小錯誤往往就是大錯誤的前兆。

80

對現實生活不滿，就會視之爲「假的一面」，而另外夢想自己理想的生活。

〜〜〜〜〜〜〜〜〜〜〜〜〜〜〜〜〜〜〜〜〈想通的陷阱〉

「想通」是充滿矛盾的現實生活中，不可或缺的智慧。譬如：一心想要嫁得白馬王子的女郎，由於在現實中尋不着如意郎君，就會想通了「理想終歸是理想，現實終歸是現實」，而和一個與理想差距甚遠的人結婚。又如：想製造滿足創作欲並能引起知音共鳴的超水準作品，但却無法讓消費者接受而失去商品價值；最後想通了「要暢銷，也只好降低品質以迎合大衆口味了」。可見，這種「想通」是用以處理自己所無法滿足欲求的方法。例如：對某公司的工作缺乏興趣，不受上司賞識、又無升遷機會的人，會認爲「在公司服務的那個人」是「假的自己」；而「眞的自己」生活在其他場所。換言之，在現實生活中具有强烈欲求，但又無法得到滿足時，就會認定現實生活只是一個「架空的世界」，眞正的自己並非生存在那裏。

以這種方式處理不滿的人，在離開使他困擾的環境時，看起來心理也很安定——就如那些步出公司就絕口不提公事的人一般。他們由於認定那是「假的自己」

生活在「架空的世界」，根本不必去關心；所以就會把對現實的不滿，從自我意識中完全排除了。

「我不能升遷，因爲升遷後，我的工作會更辛苦。」「我不被重用，是因爲能力太強，受到上司戒心的緣故。」，像這種以「不合理」及「自加理由」的方式來自我安慰，看起來不太固執，好像一切都「想通」的人，其心理也許隱藏着不得不想通的欲求不滿吧？

81 事情太順利，往往會使人產生不安和罪惡感。

〈罪惡感的陷阱〉

我喜歡打打衞生痲將。通常我並不計勝負，但如果一再敗北，心中還是覺得不是滋味；反之，羸得太多，心情也是怪怪的，那時就會下意識的調侃自己說：「羸太多了！小心回家路上遇到車禍！」類似這種經驗，幾乎人人都曾有過。

就像某些生活無憂無慮的家庭主婦，她們有時也會困惑的說道：「我過的日子太幸福了，幸福得使我極感不安。」經營事業一帆風順，大展鴻圖的人，除非對自己深具信心，否則也會產生罪惡感。

就如我打痲將大羸之後說的那些話，表面看來似乎只是說說而已，現實中根本不可能發生；其實那是一種「害怕發生」的心理，所以才藉着「說出口」來消除罪惡感。

通常，人做出違反道德規範的行動時，會萌生罪惡感，在下意識中告訴自己「不要再重蹈覆轍」，這是社會順利營運的源泉。本章所言，却是「事情進行得太好、太順利，常在無意識中會產生罪惡感，因而祈求以某種形態來贖罪」的心理現象。換句話說，是一種對社會有點「不好意思」的心理。

也就是說，過度幸福的家庭主婦、過分成功的事業家，會產生「不好意思」的感覺，而想擺脫「可能會發生不幸的妄想」以求平安。如果這樣做還無法達成目的，他們就會以「從事慈善活動、社會服務或調整薪資」的方法來消除罪惡感。美國心理學家利希達說：「人的心中經常是快樂感和罪惡感同在。消除罪惡感要比强調快樂重要。」

這種「感到一切過於順利」的罪惡意識，往往與人懦弱的心理有關；但這種意識可以對其人的行動產生抑制作用，使順利的情況得以持續，而不至於樂極生悲。

82

人被迫從事違反自己信條的行動時，爲了緩和心理重壓，會改變觀念。

〈觀念的陷阱〉

爲了消除人種歧視，美國在一九六八年制定「公民權法」，在形式及制度上有了大幅度的改變；但基本上並無多少變化。我因工作關係，經常赴美訪問，發現白人還是很歧視黑人和墨西哥人。

在「公民權法」的規定下，美國公民在購買或租賃房屋時，不得拒絕黑人。以前，白人和黑人是不住在同一住宅區的，黑人全部住在哈林區或其他黑人聚集的地方。後來，某些住在黑白夾雜區的白人，心理上逐漸萌生「否定人種歧視」的意識；這可能是因爲「和黑人住在一起」的現實與「蔑視黑人」的觀念產生不協和現象之故。

此種「不協和」會造成心理上極大的壓力，也就是「對觀念和現實的迥異甚感困擾」，爲了消除困擾，只好盡力設法改變自己本來的觀念以求適應。譬如前例：把「黑人比白人卑賤！」改變爲「黑人、白人同樣是人，不得歧視！」的觀念，藉此消除和黑人住在一起的不協和感。

像這種「不協和感」在日常生活中發生頻仍。例如：某個女郎愛上了一個與自己興趣不合的男性，那時，她就會爲了消除不協和感，而在無意識中附和他的興趣、嗜好，以求得心理安定。

83 看廣告是爲了自我確認所買商品的妥當性。

新聞報紙上，廣告欄所佔比例甚高，其中多半是不動產、汽車、家電製品類；我們平常似乎都以廣告爲購物動機，但廣告的目的不僅限於促成購買動機，另有一種廣告業者意料不到的，消費者心理所造成的特別效果。

美國所做的調查卽是證明。購買新車的消費者中，有百分之七十會留意汽車廣告，其中百分之六十五會仔細閱讀廣告文句；有趣的是，他們順便看看自己沒買的車的廣告者，僅有百分之四十。爲什麽如此呢？原來他們看廣告是爲了打消「我是否應該買別的牌子？」「我的選擇對不對？」的疑問；也就是爲了自我確認購買該車的妥當性。同時，他們不去看別的廠牌的廣告，也是因爲不想知道別廠牌的車子是否比自己所買的更好。

這也可以由前章「認知的不協和」之理論來說明。也就是說：「自己買了這部車」和「這部車有某些缺點」兩種觀念處於不協和狀態中，爲了消除不協和關係，就會盡量搜集對自己所購車子有利的情報，以求得協調。廣告當然只强調商品優點，所以看自己所買車子的廣告，可以增加協和情報。

不但是廣告，連報章雜誌上經常刊載的商品介紹擁有廣大的讀者，也是基於人的心理具有這種傾向。這類廣告，已經購買該商品的人，比未購買者有更强烈的閱覽欲望。

恐嚇性的說服如果超越某種程度，反倒會降低效果。

～～～～～～～～～～～～～～～～～～～～～～～～～＜恐嚇的陷阱＞

對不聽話的小孩施以嚴罰或威脅恫嚇，迫其就範，有時會獲得效果，這是不爭的事實。換言之，以恐嚇進行說服，可以發揮某程度的效果；這在我們日常生活中是可以體會得到的經驗。但是，如果就「給予恐怖的程度」和「說服效果」做進一步的觀察，可發現「恐嚇愈大，不一定說服愈强」，可見，人心有另一個層面。

根據學者的研究，處罰程度應視學習難易而定。如果超越程度，反倒會使學習效果減低。換言之，學習愈困難，用輕微的處罰較有效。

另外還有一個實驗：把蛀牙的恐怖感依程度深淺傳達給病人，結果發現「恐怖程度愈大，愈不易說服病人治療蛀牙」。

由以上的研究可以知道：處罰及恐怖感過於强烈時，效果會降低，也是因爲人類原本就具有躲避恐怖的心理。換言之，不管情報重要性如何，假使會令對方產生恐怖的不快感，人就會對該情報萌生抗拒心理；這可以由前章「認知的不協和」之理論來說明。

例如，最不討好的廣告就是人壽保險、交通事故、癌症等。假使廣告技術欠佳，就會使人由衷產生死亡、傷害的恐怖感，刺激人們的神經，使之連想起不愉快的事情；此外，有關地震、車禍方面的重要書籍乏人問津，理由也在此。

＜本章總結＞——如何避免掉入意志的陷阱——

1主張一旦被接受，就會自覺受尊敬而不再堅持己見。

2懂得說服技巧的人，一定讓對方先發表意見。

3毫無選擇餘地的命令，卽使對內容毫無不滿，也會產生抗拒心理。

4「你應該……」「你不能……」是最沒有說服力的說話口吻。

5知道目標已達到何種程度，心裏會覺得輕鬆。

6設定每一個階段的小目標，最後一定會達成總目標。

7人較易接受「你這樣做，好不好?」的祈使語辭。

8人往往易於爲他人貼上標籤，並以此認定其人的全部。

9對相同的飲料、食物，會因容器、標籤不同而影響胃口。

10下意識地去做不良習慣，會因產生罪惡感而收到矯正效果。

11假使你曾借給朋友一小筆錢，當他開口借一大筆時，你也會不好意思拒絕。

12讓對方把門打開，推銷就已成功了一半。

13說錯話、聽錯話，可以看出其人內心的欲望。

14糾正說錯的話時，往往說錯的話就是其本意。
15遲到、犯錯是對工作缺乏幹勁的表現。
16在文書上寫娘家的姓，是因爲內心存有想和丈夫離婚的願望。
17欲求不滿強烈的人，不把現實視爲現實。
18完全不對自己的工作表示不滿或發牢騷，就是把自己的世界和工作隔開了。
19有關勝負的事，屢屢奏捷，反倒會增加心裏的不安。
20消除罪惡感要比強調快樂的行爲優先。
21做完不願意做的事時，就會以「我早就想這麼做了」來自我安慰。
22人看廣告是爲了消除「我的選擇沒有錯」的疑問。
23有關車禍及保險的廣告，如果恐怖感過於激烈，就不會收到效果。

大展出版社有限公司	圖書目錄

地址：台北市北投區11204
致遠一路二段12巷1號
郵撥：0166955～1
電話：(02) 8236031
8236033
傳眞：(02) 8272069

• 法律專欄連載 • 電腦編號 58

台大法學院 法律學系／策劃
法律服務社／編著

①別讓您的權利睡著了[1] 200元
②別讓您的權利睡著了[2] 200元

• 秘傳占卜系列 • 電腦編號 14

①手相術 淺野八郎著 150元
②人相術 淺野八郎著 150元
③西洋占星術 淺野八郎著 150元
④中國神奇占卜 淺野八郎著 150元
⑤夢判斷 淺野八郎著 150元
⑥前世、來世占卜 淺野八郎著 150元
⑦法國式血型學 淺野八郎著 150元
⑧靈感、符咒學 淺野八郎著 150元
⑨紙牌占卜學 淺野八郎著 150元
⑩ＥＳＰ超能力占卜 淺野八郎著 150元
⑪猶太數的秘術 淺野八郎著 150元
⑫新心理測驗 淺野八郎著 160元

• 趣味心理講座 • 電腦編號 15

①性格測驗１ 探索男與女 淺野八郎著 140元
②性格測驗２ 透視人心奧秘 淺野八郎著 140元
③性格測驗３ 發現陌生的自己 淺野八郎著 140元
④性格測驗４ 發現你的真面目 淺野八郎著 140元
⑤性格測驗５ 讓你們吃驚 淺野八郎著 140元
⑥性格測驗６ 洞穿心理盲點 淺野八郎著 140元
⑦性格測驗７ 探索對方心理 淺野八郎著 140元
⑧性格測驗８ 由吃認識自己 淺野八郎著 140元
⑨性格測驗９ 戀愛知多少 淺野八郎著 140元

⑩性格測驗10	由裝扮瞭解人心	淺野八郎著	140元
⑪性格測驗11	敲開內心玄機	淺野八郎著	140元
⑫性格測驗12	透視你的未來	淺野八郎著	140元
⑬血型與你的一生		淺野八郎著	140元
⑭趣味推理遊戲		淺野八郎著	160元
⑮行為語言解析		淺野八郎著	160元

・婦幼天地・電腦編號16

①八萬人減肥成果	黃靜香譯	180元
②三分鐘減肥體操	楊鴻儒譯	150元
③窈窕淑女美髮秘訣	柯素娥譯	130元
④使妳更迷人	成　玉譯	130元
⑤女性的更年期	官舒妍編譯	160元
⑥胎內育兒法	李玉瓊編譯	150元
⑦早產兒袋鼠式護理	唐岱蘭譯	200元
⑧初次懷孕與生產	婦幼天地編譯組	180元
⑨初次育兒12個月	婦幼天地編譯組	180元
⑩斷乳食與幼兒食	婦幼天地編譯組	180元
⑪培養幼兒能力與性向	婦幼天地編譯組	180元
⑫培養幼兒創造力的玩具與遊戲	婦幼天地編譯組	180元
⑬幼兒的症狀與疾病	婦幼天地編譯組	180元
⑭腿部苗條健美法	婦幼天地編譯組	150元
⑮女性腰痛別忽視	婦幼天地編譯組	150元
⑯舒展身心體操術	李玉瓊編譯	130元
⑰三分鐘臉部體操	趙薇妮著	160元
⑱生動的笑容表情術	趙薇妮著	160元
⑲心曠神怡減肥法	川津祐介著	130元
⑳內衣使妳更美麗	陳玄茹譯	130元
㉑瑜伽美姿美容	黃靜香編著	150元
㉒高雅女性裝扮學	陳珮玲譯	180元
㉓蠶糞肌膚美顏法	坂梨秀子著	160元
㉔認識妳的身體	李玉瓊譯	160元
㉕產後恢復苗條體態	居理安・芙萊喬著	200元
㉖正確護髮美容法	山崎伊久江著	180元
㉗安琪拉美姿養生學	安琪拉蘭斯博瑞著	180元
㉘女體性醫學剖析	增田豐著	220元
㉙懷孕與生產剖析	岡部綾子著	180元
㉚斷奶後的健康育兒	東城百合子著	220元

・青 春 天 地・電腦編號17

①A血型與星座	柯素娥編譯	120元
②B血型與星座	柯素娥編譯	120元
③O血型與星座	柯素娥編譯	120元
④AB血型與星座	柯素娥編譯	120元
⑤青春期性教室	呂貴嵐編譯	130元
⑥事半功倍讀書法	王毅希編譯	150元
⑦難解數學破題	宋釗宜編譯	130元
⑧速算解題技巧	宋釗宜編譯	130元
⑨小論文寫作秘訣	林顯茂編譯	120元
⑪中學生野外遊戲	熊谷康編著	120元
⑫恐怖極短篇	柯素娥編譯	130元
⑬恐怖夜話	小毛驢編譯	130元
⑭恐怖幽默短篇	小毛驢編譯	120元
⑮黑色幽默短篇	小毛驢編譯	120元
⑯靈異怪談	小毛驢編譯	130元
⑰錯覺遊戲	小毛驢編譯	130元
⑱整人遊戲	小毛驢編著	150元
⑲有趣的超常識	柯素娥編譯	130元
⑳哦！原來如此	林慶旺編譯	130元
㉑趣味競賽100種	劉名揚編譯	120元
㉒數學謎題入門	宋釗宜編譯	150元
㉓數學謎題解析	宋釗宜編譯	150元
㉔透視男女心理	林慶旺編譯	120元
㉕少女情懷的自白	李桂蘭編譯	120元
㉖由兄弟姊妹看命運	李玉瓊編譯	130元
㉗趣味的科學魔術	林慶旺編譯	150元
㉘趣味的心理實驗室	李燕玲編譯	150元
㉙愛與性心理測驗	小毛驢編譯	130元
㉚刑案推理解謎	小毛驢編譯	130元
㉛偵探常識推理	小毛驢編譯	130元
㉜偵探常識解謎	小毛驢編譯	130元
㉝偵探推理遊戲	小毛驢編譯	130元
㉞趣味的超魔術	廖玉山編著	150元
㉟趣味的珍奇發明	柯素娥編著	150元
㊱登山用具與技巧	陳瑞菊編著	150元

・健 康 天 地・電腦編號18

①壓力的預防與治療	柯素娥編譯	130元
②超科學氣的魔力	柯素娥編譯	130元
③尿療法治病的神奇	中尾良一著	130元
④鐵證如山的尿療法奇蹟	廖玉山譯	120元
⑤一日斷食健康法	葉慈容編譯	120元
⑥胃部強健法	陳炳崑譯	120元
⑦癌症早期檢查法	廖松濤譯	160元
⑧老人痴呆症防止法	柯素娥編譯	130元
⑨松葉汁健康飲料	陳麗芬編譯	130元
⑩揉肚臍健康法	永井秋夫著	150元
⑪過勞死、猝死的預防	卓秀貞編譯	130元
⑫高血壓治療與飲食	藤山順豐著	150元
⑬老人看護指南	柯素娥編譯	150元
⑭美容外科淺談	楊啟宏著	150元
⑮美容外科新境界	楊啟宏著	150元
⑯鹽是天然的醫生	西英司郎著	140元
⑰年輕十歲不是夢	梁瑞麟譯	200元
⑱茶料理治百病	桑野和民著	180元
⑲綠茶治病寶典	桑野和民著	150元
⑳杜仲茶養顏減肥法	西田博著	150元
㉑蜂膠驚人療效	瀨長良三郎著	150元
㉒蜂膠治百病	瀨長良三郎著	180元
㉓醫藥與生活	鄭炳全著	180元
㉔鈣長生寶典	落合敏著	180元
㉕大蒜長生寶典	木下繁太郎著	160元
㉖居家自我健康檢查	石川恭三著	160元
㉗永恒的健康人生	李秀鈴譯	200元
㉘大豆卵磷脂長生寶典	劉雪卿譯	150元
㉙芳香療法	梁艾琳譯	160元
㉚醋長生寶典	柯素娥譯	180元
㉛從星座透視健康	席拉·吉蒂斯著	180元
㉜愉悅自在保健學	野本二士夫著	160元
㉝裸睡健康法	丸山淳士等著	160元
㉞糖尿病預防與治療	藤田順豐著	180元
㉟維他命長生寶典	菅原明子著	180元
㊱維他命C新效果	鐘文訓編	150元
㊲手、腳病理按摩	堤芳郎著	160元
㊳AIDS瞭解與預防	彼得塔歇爾著	180元
㊴甲殼質殼聚糖健康法	沈永嘉譯	160元
㊵神經痛預防與治療	木下眞男著	160元
㊶室內身體鍛鍊法	陳炳崑編著	160元

㊷吃出健康藥膳	劉大器編著	180元
㊸自我指壓術	蘇燕謀編著	160元
㊹紅蘿蔔汁斷食療法	李玉瓊編著	150元
㊺洗心術健康秘法	竺翠萍編譯	170元
㊻枇杷葉健康療法	柯素娥編譯	180元
㊼抗衰血癒	楊啟宏著	180元

・實用女性學講座・電腦編號19

①解讀女性內心世界	島田一男著	150元
②塑造成熟的女性	島田一男著	150元
③女性整體裝扮學	黃靜香編著	180元
④女性應對禮儀	黃靜香編著	180元

・校園系列・電腦編號20

①讀書集中術	多湖輝著	150元
②應考的訣竅	多湖輝著	150元
③輕鬆讀書贏得聯考	多湖輝著	150元
④讀書記憶秘訣	多湖輝著	150元
⑤視力恢復！超速讀術	江錦雲譯	180元

・實用心理學講座・電腦編號21

①拆穿欺騙伎倆	多湖輝著	140元
②創造好構想	多湖輝著	140元
③面對面心理術	多湖輝著	160元
④僞裝心理術	多湖輝著	140元
⑤透視人性弱點	多湖輝著	140元
⑥自我表現術	多湖輝著	150元
⑦不可思議的人性心理	多湖輝著	150元
⑧催眠術入門	多湖輝著	150元
⑨責罵部屬的藝術	多湖輝著	150元
⑩精神力	多湖輝著	150元
⑪厚黑說服術	多湖輝著	150元
⑫集中力	多湖輝著	150元
⑬構想力	多湖輝著	150元
⑭深層心理術	多湖輝著	160元
⑮深層語言術	多湖輝著	160元
⑯深層說服術	多湖輝著	180元
⑰掌握潛在心理	多湖輝著	160元

⑱洞悉心理陷阱	多湖輝著	180元

•超現實心理講座•電腦編號22

①超意識覺醒法	詹蔚芬編譯	130元
②護摩秘法與人生	劉名揚編譯	130元
③秘法！超級仙術入門	陸　明譯	150元
④給地球人的訊息	柯素娥編著	150元
⑤密教的神通力	劉名揚編著	130元
⑥神秘奇妙的世界	平川陽一著	180元
⑦地球文明的超革命	吳秋嬌譯	200元
⑧力量石的秘密	吳秋嬌譯	180元
⑨超能力的靈異世界	馬小莉譯	200元

•養 生 保 健•電腦編號23

①醫療養生氣功	黃孝寬著	250元
②中國氣功圖譜	余功保著	230元
③少林醫療氣功精粹	井玉蘭著	250元
④龍形實用氣功	吳大才等著	220元
⑤魚戲增視強身氣功	宮　嬰著	220元
⑥嚴新氣功	前新培金著	250元
⑦道家玄牝氣功	張　章著	200元
⑧仙家秘傳祛病功	李遠國著	160元
⑨少林十大健身功	秦慶豐著	180元
⑩中國自控氣功	張明武著	250元
⑪醫療防癌氣功	黃孝寬著	250元
⑫醫療強身氣功	黃孝寬著	250元
⑬醫療點穴氣功	黃孝寬著	220元
⑭中國八卦如意功	趙維漢著	180元
⑮正宗馬禮堂養氣功	馬禮堂著	420元

•社會人智囊•電腦編號24

①糾紛談判術	清水增三著	160元
②創造關鍵術	淺野八郎著	150元
③觀人術	淺野八郎著	180元
④應急詭辯術	廖英迪編著	160元
⑤天才家學習術	木原武一著	160元
⑥猫型狗式鑑人術	淺野八郎著	180元
⑦逆轉運掌握術	淺野八郎著	180元

⑧人際圓融術	澀谷昌三著	160元
⑨解讀人心術	淺野八郎著	180元
⑩與上司水乳交融術	秋元隆司著	180元

・精選系列・電腦編號25

①毛澤東與鄧小平	渡邊利夫等著	280元
②中國大崩裂	江戶介雄著	180元
③台灣・亞洲奇蹟	上村幸治著	220元
④7-ELEVEN高盈收策略	國友隆一著	180元
⑤台灣獨立	森　詠著	200元
⑥迷失中國的末路	江戶雄介著	220元
⑦2000年5月全世界毀滅	紫藤甲子男著	180元

・運動遊戲・電腦編號26

①雙人運動	李玉瓊譯	160元
②愉快的跳繩運動	廖玉山譯	180元
③運動會項目精選	王佑京譯	150元
④肋木運動	廖玉山譯	150元
⑤測力運動	王佑宗譯	150元

・銀髮族智慧學・電腦編號28

①銀髮六十樂逍遙	多湖輝著	170元
②人生六十反年輕	多湖輝著	170元

・心靈雅集・電腦編號00

①禪言佛語看人生	松濤弘道著	180元
②禪密教的奧秘	葉逯謙譯	120元
③觀音大法力	田口日勝著	120元
④觀音法力的大功德	田口日勝著	120元
⑤達摩禪106智慧	劉華亭編譯	150元
⑥有趣的佛教研究	葉逯謙編譯	120元
⑦夢的開運法	蕭京凌譯	130元
⑧禪學智慧	柯素娥編譯	130元
⑨女性佛教入門	許俐萍譯	110元
⑩佛像小百科	心靈雅集編譯組	130元
⑪佛教小百科趣談	心靈雅集編譯組	120元
⑫佛教小百科漫談	心靈雅集編譯組	150元

⑬佛教知識小百科	心靈雅集編譯組	150元
⑭佛學名言智慧	松濤弘道著	220元
⑮釋迦名言智慧	松濤弘道著	220元
⑯活人禪	平田精耕著	120元
⑰坐禪入門	柯素娥編譯	120元
⑱現代禪悟	柯素娥編譯	130元
⑲道元禪師語錄	心靈雅集編譯組	130元
⑳佛學經典指南	心靈雅集編譯組	130元
㉑何謂「生」 阿含經	心靈雅集編譯組	150元
㉒一切皆空 般若心經	心靈雅集編譯組	150元
㉓超越迷惘 法句經	心靈雅集編譯組	130元
㉔開拓宇宙觀 華嚴經	心靈雅集編譯組	130元
㉕真實之道 法華經	心靈雅集編譯組	130元
㉖自由自在 涅槃經	心靈雅集編譯組	130元
㉗沈默的教示 維摩經	心靈雅集編譯組	150元
㉘開通心眼 佛語佛戒	心靈雅集編譯組	130元
㉙揭秘寶庫 密教經典	心靈雅集編譯組	130元
㉚坐禪與養生	廖松濤譯	110元
㉛釋尊十戒	柯素娥編譯	120元
㉜佛法與神通	劉欣如編著	120元
㉝悟（正法眼藏的世界）	柯素娥編譯	120元
㉞只管打坐	劉欣如編著	120元
㉟喬答摩・佛陀傳	劉欣如編著	120元
㊱唐玄奘留學記	劉欣如編著	120元
㊲佛教的人生觀	劉欣如編譯	110元
㊳無門關（上卷）	心靈雅集編譯組	150元
㊴無門關（下卷）	心靈雅集編譯組	150元
㊵業的思想	劉欣如編著	130元
㊶佛法難學嗎	劉欣如著	140元
㊷佛法實用嗎	劉欣如著	140元
㊸佛法殊勝嗎	劉欣如著	140元
㊹因果報應法則	李常傳編	140元
㊺佛教醫學的奧秘	劉欣如編著	150元
㊻紅塵絕唱	海　若著	130元
㊼佛教生活風情	洪丕謨、姜玉珍著	220元
㊽行住坐臥有佛法	劉欣如著	160元
㊾起心動念是佛法	劉欣如著	160元
㊿四字禪語	曹洞宗青年會	200元
51妙法蓮華經	劉欣如編著	160元

㊿根本佛教與大乘佛教	葉作森編	元

・經營管理・電腦編號01

◎創新經營六十六大計（精）	蔡弘文編	780元
①如何獲取生意情報	蘇燕謀譯	110元
②經濟常識問答	蘇燕謀譯	130元
③股票致富68秘訣	簡文祥譯	200元
④台灣商戰風雲錄	陳中雄著	120元
⑤推銷大王秘錄	原一平著	180元
⑥新創意・賺大錢	王家成譯	90元
⑦工廠管理新手法	琪　輝著	120元
⑧奇蹟推銷術	蘇燕謀譯	100元
⑨經營參謀	柯順隆譯	120元
⑩美國實業24小時	柯順隆譯	80元
⑪撼動人心的推銷法	原一平著	150元
⑫高竿經營法	蔡弘文編	120元
⑬如何掌握顧客	柯順隆譯	150元
⑭一等一賺錢策略	蔡弘文編	120元
⑯成功經營妙方	鐘文訓著	120元
⑰一流的管理	蔡弘文編	150元
⑱外國人看中韓經濟	劉華亭譯	150元
⑲企業不良幹部群相	琪輝編著	120元
⑳突破商場人際學	林振輝編著	90元
㉑無中生有術	琪輝編著	140元
㉒如何使女人打開錢包	林振輝編著	100元
㉓操縱上司術	邑井操著	90元
㉔小公司經營策略	王嘉誠著	160元
㉕成功的會議技巧	鐘文訓編譯	100元
㉖新時代老闆學	黃柏松編著	100元
㉗如何創造商場智囊團	林振輝編譯	150元
㉘十分鐘推銷術	林振輝編譯	180元
㉙五分鐘育才	黃柏松編譯	100元
㉚成功商場戰術	陸明編譯	100元
㉛商場談話技巧	劉華亭編譯	120元
㉜企業帝王學	鐘文訓譯	90元
㉝自我經濟學	廖松濤編譯	100元
㉞一流的經營	陶田生編著	120元
㉟女性職員管理術	王昭國編譯	120元
㊱ＩＢＭ的人事管理	鐘文訓編譯	150元
㊲現代電腦常識	王昭國編譯	150元

㊳電腦管理的危機	鐘文訓編譯	120元
㊴如何發揮廣告效果	王昭國編譯	150元
㊵最新管理技巧	王昭國編譯	150元
㊶一流推銷術	廖松濤編譯	150元
㊷包裝與促銷技巧	王昭國編譯	130元
㊸企業王國指揮塔	松下幸之助著	120元
㊹企業精銳兵團	松下幸之助著	120元
㊺企業人事管理	松下幸之助著	100元
㊻華僑經商致富術	廖松濤編譯	130元
㊼豐田式銷售技巧	廖松濤編譯	180元
㊽如何掌握銷售技巧	王昭國編著	130元
㊿洞燭機先的經營	鐘文訓編譯	150元
㊾新世紀的服務業	鐘文訓編譯	100元
㊿成功的領導者	廖松濤編譯	120元
54女推銷員成功術	李玉瓊編譯	130元
55ＩＢＭ人才培育術	鐘文訓編譯	100元
56企業人自我突破法	黃琪輝編著	150元
58財富開發術	蔡弘文編著	130元
59成功的店舖設計	鐘文訓編著	150元
61企管回春法	蔡弘文編著	130元
62小企業經營指南	鐘文訓編譯	100元
63商場致勝名言	鐘文訓編譯	150元
64迎接商業新時代	廖松濤編譯	100元
66新手股票投資入門	何朝乾　編	180元
67上揚股與下跌股	何朝乾編譯	180元
68股票速成學	何朝乾編譯	180元
69理財與股票投資策略	黃俊豪編著	180元
70黃金投資策略	黃俊豪編著	180元
71厚黑管理學	廖松濤編譯	180元
72股市致勝格言	呂梅莎編譯	180元
73透視西武集團	林谷燁編譯	150元
76巡迴行銷術	陳蒼杰譯	150元
77推銷的魔術	王嘉誠譯	120元
7860秒指導部屬	周蓮芬編譯	150元
79精銳女推銷員特訓	李玉瓊編譯	130元
80企劃、提案、報告圖表的技巧	鄭　汶　譯	180元
81海外不動產投資	許達守編譯	150元
82八百件的世界策略	李玉瓊譯	150元
83服務業品質管理	吳宜芬譯	180元
84零庫存銷售	黃東謙編譯	150元
85三分鐘推銷管理	劉名揚編譯	150元

⑯推銷大王奮鬥史	原一平著	150元
⑰豐田汽車的生產管理	林谷燁編譯	150元

・成功寶庫・電腦編號02

①上班族交際術	江森滋著	100元
②拍馬屁訣竅	廖玉山編譯	110元
④聽話的藝術	歐陽輝編譯	110元
⑨求職轉業成功術	陳　義編著	110元
⑩上班族禮儀	廖玉山編著	120元
⑪接近心理學	李玉瓊編著	100元
⑫創造自信的新人生	廖松濤編著	120元
⑭上班族如何出人頭地	廖松濤編著	100元
⑮神奇瞬間瞑想法	廖松濤編譯	100元
⑯人生成功之鑰	楊意苓編著	150元
⑲給企業人的諍言	鐘文訓編著	120元
⑳企業家自律訓練法	陳　義編譯	100元
㉑上班族妖怪學	廖松濤編著	100元
㉒猶太人縱橫世界的奇蹟	孟佑政編著	110元
㉓訪問推銷術	黃靜香編著	130元
㉕你是上班族中強者	嚴思圖編著	100元
㉖向失敗挑戰	黃靜香編著	100元
㉙機智應對術	李玉瓊編著	130元
㉚成功頓悟100則	蕭京凌編譯	130元
㉛掌握好運100則	蕭京凌編譯	110元
㉜知性幽默	李玉瓊編譯	130元
㉝熟記對方絕招	黃靜香編譯	100元
㉞男性成功秘訣	陳蒼杰編譯	130元
㊱業務員成功秘方	李玉瓊編著	120元
㊲察言觀色的技巧	劉華亭編著	130元
㊳一流領導力	施義彥編譯	120元
㊴一流說服力	李玉瓊編著	130元
㊵30秒鐘推銷術	廖松濤編譯	150元
㊶猶太成功商法	周蓮芬編譯	120元
㊷尖端時代行銷策略	陳蒼杰編著	100元
㊸顧客管理學	廖松濤編著	100元
㊹如何使對方說Yes	程　義編著	150元
㊺如何提高工作效率	劉華亭編著	150元
㊼上班族口才學	楊鴻儒譯	120元
㊽上班族新鮮人須知	程　義編著	120元
㊾如何左右逢源	程　義編著	130元

㊿語言的心理戰	多湖輝著	130元
51扣人心弦演說術	劉名揚編著	120元
53如何增進記憶力、集中力	廖松濤譯	130元
55性惡企業管理學	陳蒼杰譯	130元
56自我啟發200招	楊鴻儒編著	150元
57做個傑出女職員	劉名揚編著	130元
58靈活的集團營運術	楊鴻儒編著	120元
60個案研究活用法	楊鴻儒編著	130元
61企業教育訓練遊戲	楊鴻儒編著	120元
62管理者的智慧	程　義編譯	130元
63做個佼佼管理者	馬筱莉編譯	130元
64智慧型說話技巧	沈永嘉編譯	130元
66活用佛學於經營	松濤弘道著	150元
67活用禪學於企業	柯素娥編譯	130元
68詭辯的智慧	沈永嘉編譯	150元
69幽默詭辯術	廖玉山編譯	150元
70拿破崙智慧箴言	柯素娥編譯	130元
71自我培育・超越	蕭京凌編譯	150元
74時間即一切	沈永嘉編譯	130元
75自我脫胎換骨	柯素娥譯	150元
76贏在起跑點—人才培育鐵則	楊鴻儒編譯	150元
77做一枚活棋	李玉瓊編譯	130元
78面試成功戰略	柯素娥編譯	130元
79自我介紹與社交禮儀	柯素娥編譯	150元
80說NO的技巧	廖玉山編譯	130元
81瞬間攻破心防法	廖玉山編譯	120元
82改變一生的名言	李玉瓊編譯	130元
83性格性向創前程	楊鴻儒編譯	130元
84訪問行銷新竅門	廖玉山編譯	150元
85無所不達的推銷話術	李玉瓊編譯	150元

・處世智慧・電腦編號 03

①如何改變你自己	陸明編譯	120元
④幽默說話術	林振輝編譯	120元
⑤讀書36計	黃柏松編譯	120元
⑥靈感成功術	譚繼山編譯	80元
⑧扭轉一生的五分鐘	黃柏松編譯	100元
⑨知人、知面、知其心	林振輝譯	110元
⑩現代人的詭計	林振輝譯	100元
⑫如何利用你的時間	蘇遠謀譯	80元

⑬口才必勝術	黃柏松編譯	120元
⑭女性的智慧	譚繼山編譯	90元
⑮如何突破孤獨	張文志編譯	80元
⑯人生的體驗	陸明編譯	80元
⑰微笑社交術	張芳明譯	90元
⑱幽默吹牛術	金子登著	90元
⑲攻心說服術	多湖輝著	100元
⑳當機立斷	陸明編譯	70元
㉑勝利者的戰略	宋恩臨編譯	80元
㉒如何交朋友	安紀芳編著	70元
㉓鬥智奇謀（諸葛孔明兵法）	陳炳崑著	70元
㉔慧心良言	亦　奇著	80元
㉕名家慧語	蔡逸鴻主編	90元
㉗稱霸者啟示金言	黃柏松編譯	90元
㉘如何發揮你的潛能	陸明編譯	90元
㉙女人身態語言學	李常傳譯	130元
㉚摸透女人心	張文志譯	90元
㉛現代戀愛秘訣	王家成譯	70元
㉜給女人的悄悄話	妮倩編譯	90元
㉞如何開拓快樂人生	陸明編譯	90元
㉟驚人時間活用法	鐘文訓譯	80元
㊱成功的捷徑	鐘文訓譯	70元
㊲幽默逗笑術	林振輝著	120元
㊳活用血型讀書法	陳炳崑譯	80元
㊴心　燈	葉于模著	100元
㊵當心受騙	林顯茂譯	90元
㊶心・體・命運	蘇燕謀譯	70元
㊷如何使頭腦更敏銳	陸明編譯	70元
㊸宮本武藏五輪書金言錄	宮本武藏著	100元
㊺勇者的智慧	黃柏松編譯	80元
㊼成熟的愛	林振輝譯	120元
㊽現代女性駕馭術	蔡德華著	90元
㊾禁忌遊戲	酒井潔著	90元
㊾摸透男人心	劉華亭編譯	80元
53如何達成願望	謝世輝著	90元
54創造奇蹟的「想念法」	謝世輝著	90元
55創造成功奇蹟	謝世輝著	90元
56男女幽默趣典	劉華亭譯	90元
57幻想與成功	廖松濤譯	80元
58反派角色的啟示	廖松濤編譯	70元
59現代女性須知	劉華亭編著	75元

⑹機智說話術	劉華亭編譯	100元
⑹如何突破內向	姜倩怡編譯	110元
⑹讀心術入門	王家成編譯	100元
⑹如何解除內心壓力	林美羽編著	110元
⑹取信於人的技巧	多湖輝著	110元
⑹如何培養堅強的自我	林美羽編著	90元
⑹自我能力的開拓	卓一凡編著	110元
⑺縱橫交涉術	嚴思圖編著	90元
⑺如何培養妳的魅力	劉文珊編著	90元
⑺魅力的力量	姜倩怡編著	90元
⑺金錢心理學	多湖輝著	100元
⑺語言的圈套	多湖輝著	110元
⑺個性膽怯者的成功術	廖松濤編譯	100元
⑺人性的光輝	文可式編著	90元
⑺驚人的速讀術	鐘文訓編譯	90元
⑺培養靈敏頭腦秘訣	廖玉山編著	90元
⑻夜晚心理術	鄭秀美編譯	80元
⑻如何做個成熟的女性	李玉瓊編著	80元
⑻現代女性成功術	劉文珊編著	90元
⑻成功說話技巧	梁惠珠編譯	100元
⑻人生的真諦	鐘文訓編譯	100元
⑻妳是人見人愛的女孩	廖松濤編著	120元
⑻指尖・頭腦體操	蕭京凌編譯	90元
⑻電話應對禮儀	蕭京凌編著	120元
⑻自我表現的威力	廖松濤編譯	100元
⑼名人名語啟示錄	喬家楓編著	100元
⑼男與女的哲思	程鐘梅編譯	110元
⑼靈思慧語	牧 風著	110元
⑼心靈夜語	牧 風著	100元
⑼激盪腦力訓練	廖松濤編譯	100元
⑼三分鐘頭腦活性法	廖玉山編譯	110元
⑼星期一的智慧	廖玉山編譯	100元
⑼溝通說服術	賴文琇編譯	100元
⑼超速讀超記憶法	廖松濤編譯	140元

・健康與美容・電腦編號 04

①B型肝炎預防與治療	曾慧琪譯	130元
③媚酒傳（中國王朝秘酒）	陸明主編	120元
④藥酒與健康果菜汁	成玉主編	150元
⑤中國回春健康術	蔡一藩著	100元

國立中央圖書館出版品預行編目資料

洞悉心理陷阱／多湖輝著；陸明譯——初版
——臺北市；大展，民85
面； 公分——（實用心理學講座；18）
譯自：人間心理の落し穴
ISBN 957-557-588-1（平裝）

1.應用心理學 2.人際關係 3.成功法

177.2 85001999

原書名：人間心理の落し穴
原出版社：株式會社ごま書房（Japan）
原著作者：©Akira Tago 1982
版權代理：宏儒企業有限公司

洞悉心理陷阱

ISBN 957-557-588-1

原著者／多湖輝
編譯者／陸明
發行人／蔡森明
出版者／大展出版社有限公司
社址／台北市北投區（石牌）致遠一路二段12巷1號
電話／(02) 8236031・8236033
傳真／(02) 8272069
郵政劃撥／0166955－1
登記證／局版臺業字第2171號
承印者／國順圖書有限公司
裝訂／嶸興裝訂有限公司
排版者／千賓電腦打字有限公司
電話／（02）8836052
初版／1996年（民85年）4月
定價／180元

大展好書 好書大展

大展好書 好書大展